MIX
Papier aus verantwortungsvollen Quellen
Paper from responsible sources
FSC® C105338

Jana Babock

Business Process Outsourcing im Personalwesen

Potentiale und Handlungsempfehlungen im BPO von Human Resources

Diplomica Verlag GmbH

Babock, Jana: Business Process Outsourcing im Personalwesen: Potentiale und Handlungsempfehlungen im BPO von Human Resources. Hamburg, Diplomica Verlag GmbH 2013

Buch-ISBN: 978-3-8428-8888-3
PDF-eBook-ISBN: 978-3-8428-3888-8
Druck/Herstellung: Diplomica® Verlag GmbH, Hamburg, 2013

Bibliografische Information der Deutschen Nationalbibliothek:
Die Deutsche Nationalbibliothek verzeichnet diese Publikation in der Deutschen Nationalbibliografie; detaillierte bibliografische Daten sind im Internet über http://dnb.d-nb.de abrufbar.

Das Werk einschließlich aller seiner Teile ist urheberrechtlich geschützt. Jede Verwertung außerhalb der Grenzen des Urheberrechtsgesetzes ist ohne Zustimmung des Verlages unzulässig und strafbar. Dies gilt insbesondere für Vervielfältigungen, Übersetzungen, Mikroverfilmungen und die Einspeicherung und Bearbeitung in elektronischen Systemen.

Die Wiedergabe von Gebrauchsnamen, Handelsnamen, Warenbezeichnungen usw. in diesem Werk berechtigt auch ohne besondere Kennzeichnung nicht zu der Annahme, dass solche Namen im Sinne der Warenzeichen- und Markenschutz-Gesetzgebung als frei zu betrachten wären und daher von jedermann benutzt werden dürften.

Die Informationen in diesem Werk wurden mit Sorgfalt erarbeitet. Dennoch können Fehler nicht vollständig ausgeschlossen werden und die Diplomica Verlag GmbH, die Autoren oder Übersetzer übernehmen keine juristische Verantwortung oder irgendeine Haftung für evtl. verbliebene fehlerhafte Angaben und deren Folgen.

Alle Rechte vorbehalten

© Diplomica Verlag GmbH
Hermannstal 119k, 22119 Hamburg
http://www.diplomica-verlag.de, Hamburg 2013
Printed in Germany

Inhaltsverzeichnis

Inhaltsverzeichnis I

Abkürzungsverzeichnis III

Abbildungsverzeichnis III

Tabellenverzeichnis IV

Anhang IV

1 Einleitung 1

    1.1 Problemstellung und Zielsetzung 1

    1.2 Aufbau der Studie 2

2 Theoretische Grundlagen 3

    2.1 Outsourcing 3

    2.2 Business Process Outsourcing 5

        2.2.1 Definition 5

        2.2.2 Theoretische Erklärungsansätze 7

    2.3 Human Resources 11

3 Business Process Outsourcing von Human Resources 13

    3.1 Eignung des Personalmanagements zum Outsourcing bzw. BPO ... 13

    3.2 Marktpotentialanalyse in Deutschland 16

    3.3 Die neue Rolle des HR- Managements 19

    3.4 Vorteile bzw. Motive 24

        3.4.1 Kostenmotive 25

        3.4.2 Strategische Motive 27

        3.4.3 Leistungsoptimierung 29

    3.5 Nachteile bzw. Risiken 30

        3.5.1 Kostenrisiken 31

        3.5.2 Strategische Risiken 33

        3.5.3 Leistungsrisiko 34

	3.5.4 Arbeitsrechtliche Risiken	35
4	Durchführung eines BPO- Projektes: Recruiting	38
	4.1 Planungsphase	41
	4.2 Realisierungsphase	55
	4.3 BPO- Projekte anhand von Beispielen	66
5	Strategische Handlungsempfehlungen für Business Process in Human Resources	68
6	Schlussbetrachtung	71
7	Anhang	74
	Quellenverzeichnis	V

Abkürzungsverzeichnis

BGB	Bürgerliches Gesetzbuch
BPO	Business Process Outsourcing
evtl.	eventuell
F&A	Finance& Accounting
HR	Human Ressources
Jh.	Jahrhundert
RPO	Recruiting Process Outsourcing
SLA	Service Level Agreement

Abbildungsverzeichnis

Abbildung 1: Variationen des Outsourcings 6
Abbildung 2: Eignung und Stand der Umsetzung von Outsourcing 13
Abbildung 3: Eignung eines Prozesses für BPO 15
Abbildung 4: Marktvolumen HR, F&A und Einkauf 17
Abbildung 5: prognostizierte und tatsächliche Marktanteil des BPO in Deutschland 18
Abbildung 6: Erkennungsmerkmale von HR- Business Partner 20
Abbildung 7: Selbsteinschätzung der HR- Business Partner 21
Abbildung 8: Gründe für BPO 24
Abbildung 9: Gründe gegen BPO 30
Abbildung 10: Durchführung eines BPO- Projektes allgemein 38
Abbildung 11: SWOT- Analyse der „JA- Automotive" 41
Abbildung 12: Entscheidungsmatrix für oder gegen ein BPO 43
Abbildung 13: Prozessablauf des Recruiting der „JA- Automotive" vor einem HR-BPO 44
Abbildung 14: Kosten des Recruiting- Prozesses der „JA- Automotive" 46
Abbildung 15: Kosten der Stellenanzeigen 48
Abbildung 16: Abschreibung der Büromöbel pro Jahr 49
Abbildung 17: Kosten für den BPO- Dienstleisters 51
Abbildung 18: Kosten der „JA-Automotive" trotz BPO- Dienstleister 51
Abbildung 19: Kostenvergleich der „JA- Automotive" und dem BPO- Dienstleister 53
Abbildung 20: BPO- Recruitingprozess bei Infineon 66

Tabellenverzeichnis

Tabelle 1:	Aufteilung der Prozesse zwischen „JA- Automotive" und BPO- Dienstleister..	54
Tabelle 2:	Überblick des Rahmenvertrages der „JA- Automotive" und..............	59
Tabelle 3:	Überblick des Leistungsvertrages der „JA- Automotive" und............	60
Tabelle 4:	Überblick des Service Level Agreement der „JA- Automotive" und des BPO- Dienstleisters	62

Anhang

Anhang 1	§ 613a BetrVG Rechte und Pflichten bei Betriebsübergang
Anhang 2	§ 111 BetrVG Betriebsänderungen
Anhang 3	§ 106 BetrVG Wirtschaftsausschuss
Anhang 4	§ 90 BetrVG Unterrichtungs- und Beratungsrechte
Anhang 5	§ 92 BetrVG Personalplanung
Anhang 6	Berechnung Gesamtkosten des Recruitingprozesses für die „JA-Automotive"
Anhang 7	Überblick der Berechnung der Kosten des BPO- Dienstleisters
Anhang 8:	Referenzfragekatalog zur Qualität eines BPO- Dienstleisters

1 Einleitung

1.1 Problemstellung und Zielsetzung

Durch die Globalisierung werden die Unternehmen permanent gezwungen ihr Unternehmen effizienter zu gestalten. Um auf dem Markt wettbewerbsfähig zu bleiben, müssen die Unternehmen ihre Kosten reduzieren, eine gute Qualität gewährleisten und sich strategisch perfekt auf dem Markt platzieren. Ein Unternehmen muss eine Strategie finden, die den hohen Anforderungen des Marktes gerecht wird. Die Geschäftsprozesse, die Einsparungspotential besitzen, müssen genauer untersucht werden. Das Business Process Outsourcing wird bereits von vielen Unternehmen im Produktionsbereich genutzt. Dort werden alle Prozesse oder Funktionen, die nicht zum Kerngeschäft des Unternehmens gehören, an externe BPO- Dienstleister ausgelagert. Diese Kosteneinsparungen sind vielversprechend, doch leider nicht ausreichend. Unternehmen versuchen ihre Kosten gering zu halten, doch die Kosten der Verwaltungsprozesse steigen. Deshalb ist es sinnvoll auch diese Prozesse genauer zu untersuchen und ggf. auszulagern. Allerdings ist nicht nur der Kostenaspekt für die Unternehmen entscheidend. Diese Studie zeigt, welche weiteren Vorteile für die Unternehmen entscheidend sind. Ebenfalls werden auch die Nachteile untersucht. Durch eine falsche Umsetzung kann ein BPO auch einen gegenteiligen Effekt bewirken. Es wird also die Frage untersucht, welche Faktoren zum Erfolg und welche zum Misserfolg eines BPO führen.
Jedes Unternehmen, welches ein BPO in Betracht zieht, muss seine Prozesse, hinsichtlich der Eignung, genau untersuchen. Diese Studie analysiert die Tauglichkeit bestimmter HR- Prozesse und prüft die Frage: Warum ein BPO sinnvoll ist und welche Prozesse für ein BPO adäquat sind?
Diese Studie befasst sich mit der Herangehensweise ob und wie ein Unternehmen diesen besonderen Prozess des Outsourcings bewältigen kann.

1.2 Aufbau der Studie

Die vorliegende Studie ist in sieben Kapitel unterteilt. Zunächst erfolgen die Analyse des Problems, die Zielsetzung sowie das Vorgehen der Studie.

Im zweiten Kapitel werden die theoretischen Grundlagen genauer erläutert. Hierbei werden die Begriffe des Outsourcing, des Business Process Outsourcing (BPO) und die Human Resources betrachtet und definiert. Die Erklärung des BPO wird dabei von zwei verschiedenen Ansätzen untersucht.

Im Kapitel drei geht die Studie speziell auf das BPO ein. Dabei wird als erstes die Eignung des Personalmanagement für ein BPO geprüft. Danach steht das Marktpotential in Deutschland im Fokus. Um ein BPO durchzuführen wird weiterhin die neue Rolle des HR- Managements beleuchtet. Im Kapitel 3.4 untersucht die Studie die Vorteile eines BPO. Speziell wird sich hierbei auf die Kostenmotive, die strategischen Motive und die Leistungsoptimierung konzentriert. Desweiteren wird im Kapitel 3.5 die Nachteile hinsichtlich der Kostenrisiken, der strategischen Risiken, das Leistungsrisiko und die Studiesrechtlichen Risiken analysiert.

Im vierten Kapitel erfolgt die Durchführung eines BPO- Projektes. Die Studie nutzt die Vorgehensweise eines Recruiting- Prozesses. Dabei stehen die Phasen der Planung und der Realisierung im Mittelpunkt der Betrachtung. Zum Schluss des vierten Kapitels werden ein paar Beispiele aufgezeigt.

Das fünfte Kapitel umfasst die wesentlichen Punkte zur Durchführung eines BPO anhand einer Checkliste, welches die Handlungsempfehlungen darstellen.

Die Schlussbetrachtung wird im sechsten Kapitel veranschaulicht. Dabei werden die wesentlichen Erkenntnisse der Studie und ein persönlicher Ausblick auf das behandelte Thema und seiner Entwicklungsmöglichkeiten dargestellt.

2 Theoretische Grundlagen

In diesem Kapitel soll eine Grundlage über die wichtigsten Begrifflichkeiten dieser Studie geschaffen werden. Die Begriffe des Outsourcing, des Business Process Outsourcing und des Human Resources werden erläutert.

2.1 Outsourcing

Der Begriff des Outsourcings wurde erstmals in den 90er Jahren in der englischen und der deutschsprachigen Literatur erwähnt.[1] Outsourcing ist ein aus der amerikanischen Managementpraxis stammendes Kunstwort, welches sich aus den Begriffen Outside, Resource und Using zusammensetzt.[2] Dieses Wort beschreibt somit die Nutzung (using) einer externen (outside) Versorgungs- und Beschaffungsquelle (resource).[3] Seit 1996 ist der Begriff des Outsourcing fester Bestandteil der deutschen Sprache und wurde noch im selben Jahr zum „Unwort des Jahres" gekürt.[4] Die Idee des Outsourcings liegt darin, bestimmte Unternehmensbereiche auszulagern, welche auf ihre Zugehörigkeit zum Kerngeschäft des Unternehmens, hinsichtlich des wirtschaftlichen Erfolges, untersucht wird.

Im Allgemeinen basiert das Outsourcing auf dem Prinzip der Arbeitsteilung. Schon im 18 Jh. wurde dieser Grundsatz von Adam Smith eingeführt. Smith fand heraus, dass Mitarbeiter, welche sich auf ihr größtes Können spezialisiert haben, zu einer höheren Produktivität gelangen. Das berühmteste Beispiel von Smith ist eine Stecknadelmanufaktur. Er war der Meinung, dass ein einzelner Mitarbeiter am Tag nur 20 Stecknadeln produzieren kann. Dagegen können 10 Mitarbeiter, welche sich auf einzelnen Arbeitsschritt spezialisiert haben, 48.000 Stecknadeln herstellen.[5] Diese Idee wurde besonders von der Automobilindustrie aufgegriffen und weiterentwickelt. Das Ziel für die Unter-

---

[1] Vgl. Franze (1998), S.11.
[2] Vgl. Bruch (1998), S.22.
[3] Vgl. Franze (1998), S.10.
[4] Vgl. Gesellschaft für deutsche Sprache (1998), veröffentlicht im Internet (29.03.2012).
[5] Vgl. Schwarz et al. (2005), S.16.

nehmen war es damals und ist es auch heute noch, eine schlankere Produktion bzw. eine geringere Wertschöpfungstiefe entstehen zu lassen.

Hodel unterteilt die Entwicklung des Outsourcings in drei bedeutsame Phasen. In den 50er Jahren haben Großunternehmen begonnen, einzelne Funktionen, wie z.B. Bewachungs- und Sicherheitsdienste auszugliedern, um Kosten einzusparen. Daraufhin folgte die Ausgliederung von Dienstleistungsbereichen. In den 80er Jahren begannen Unternehmen ganze Prozesse auszugliedern, um den immer mehr entstehenden Kostendruck zu reduzieren und effizientere Reaktionszeiten realisieren zu können. Anfang der 90er Jahre werden strategische Entscheidungen und die Konzentration auf das Kerngeschäft für den Erfolg des Unternehmens immer entscheidender. Außerdem spezialisieren sich einige Unternehmen auf die Outsourcing- Leistungen.[6]

Ein bedeutendes Beispiel für die Outsourcing Debatte ist die Auslagerung der gesamten Datenverarbeitung der Firma Eastman Kodak im Jahre 1989.[7] Durch die rasante Entwicklung der Informations- und Kommunikationstechnologien begann die Auslagerung dieser Bereiche mit dem Ziel der Kostensenkung. Es sollten also die Prozesse ausgelagert werden, die standardisierbar und nicht von strategischer Wichtigkeit sind, die ein externer Dienstleister effizienter generieren kann.[8]

Outsourcing ist in diesem Kontext eine Ausgliederung bisher selbst erbrachter Leistungen. D.h. nicht erbrachte Leistungen können dementsprechend auch nicht outgesourct werden.[9]
Das Outsourcing unterscheidet sich in zwei Hauptformen. Das interne und das externe Outsourcing. Das interne Outsourcing bedeutet, dass betroffene Bereiche bzw. Funktionen innerhalb des Unternehmens oder der Unternehmensgruppe ausgegliedert werden. Dies kann entweder durch eine Neugründung eines Unternehmens geschehen z.B. in Form einer Tochter- oder Beteiligungsgesellschaft oder aber durch die Verlagerung der Funktion in

---

[6] Vgl. Hodel (1999), S.19.
[7] Vgl. Jouanne (2004), S.125.
[8] Vgl. Wullenkord et al. (2005), S.8.
[9] Vgl. Schwarz et. al. (2005), S.15.

eine andere Einheit innerhalb des Unternehmens.[10] Bei dieser Form des Outsourcings bleiben das Know- How und die Verantwortung im Unternehmen bestehen.

Das externe Outsourcing hingegen bedeutet, dass die betroffenen Funktionen an unternehmensfremde Dienstleister übergeben werden.[11] Das Unternehmen, welches seine Bereiche ausgelagert hat, verfügt bei dieser Form des Outsourcings auf keinen direkten Einfluss. Das Business Process Outsourcing (BPO) ist eine Weiterentwicklung des externen Outsourcings.

2.2 Business Process Outsourcing

2.2.1 Definition

Das Business Process Outsourcing ist eine Weiterentwicklung des traditionellen Outsourcing-Gedankens. Nachdem Soft- und Hardware ausgelagert wurden, stehen nun kaufmännische Geschäftsprozesse im Vordergrund. Die enggefasste Ansicht des BPO umfasst sämtliche Prozesse und Bereiche des Personalmanagements sowie des Finanz- und Rechnungswesens. Zu der weiteren Betrachtungsweise zählen weiterhin Einkauf, Logistik und branchenspezifische Administrationsarbeiten. In dieser Studie wird die engere Fassung genutzt, um sich auf das Personalwesen zu konzentrieren.[12]

Die international Data Corporation (IDC) definiert BPO folgendermaßen:

> „BPO involves the transfer of management an execution of one or more complete business process or entire business functions to an external service provider."[13]

BPO ist dementsprechend eine Verlagerung von einem oder mehreren kompletten Geschäftsprozessen an einen externen Dienstleister.

---

[10] Vgl. Bruch (1999), S.57.
[11] Vgl. Bruch (1998), S.55.
[12] Vgl. Wullenkord et.al. (2005), S.9.
[13] Riedl (2003), S.7.

Die Grundidee von BPO ist es, komplette Geschäftsprozesse an Spezialisten weiterzugeben, welche nicht zu den Kernaufgaben gehören, aber einen entscheidenden Einfluss auf die Wertschöpfungskette haben[14]. Hierbei unterscheidet sich das traditionelle Outsourcing vom BPO. Das Outsourcing gliedert nur Unternehmensfunktionen aus, das BPO hingegen lagert komplette Prozesse oder Bereiche aus.

Das BPO ist die „Königsklasse des Outsourcings" und somit sind die Ansprüche gegenüber dem BPO- Dienstleister sehr hoch.[15]

Die folgende Übersicht zeigt die ausgewählten Outsourcing-Variationen, die anhand von Komplexität und dem Beitrag zum Geschäftswert dargestellt werden.

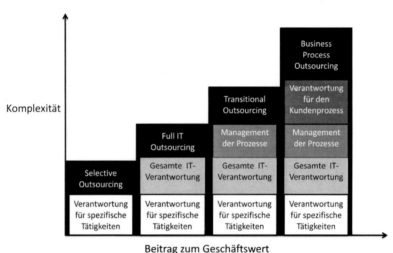

Abbildung 1: Variationen des Outsourcings[16]

Das Selective Outsourcing ist eine einfache Übertragung der Verantwortung von spezifischen (Teil-)Tätigkeiten. Die Komplexität und der Beitrag zum Geschäftswert sind gering. Bei dem Full IT Outsourcing kommt zu dieser Verantwortung noch die gesamte IT Verantwortung dazu. Die Komplexität und

---

[14] Vgl. Köhler- Frost et. al. (2000), S.68.
[15] Vgl. Achenbach (2004), S.310.
[16] Eigene Darstellung in Anlehnung an Köhler- Frost et. al. (2005), S.39.

der Unternehmensbeitrag sind mittel einzustufen. Das Transitionale Outsourcing umfasst das Full IT Outsourcing und wird ergänzt durch das Management der ausgewählten Prozesse. Bei dieser Outsourcing- Variante ist die Komplexität hoch, aber sie steigert den Geschäftswert um ein Vielfaches. Das Business Process Outsourcing ist ein enorm umfassender Vorgang, schafft allerdings einen sehr hohen Beitrag zum Geschäftswert. Das BPO umfasst das Transitionale Outsourcing und erweitert dieses um die Verantwortung für den Kundenprozess.

Anhand dieser Darstellung wird klar, dass das BPO sehr Komplex ist und von jedem Unternehmen hinsichtlich der Eignung überprüft werden muss. Die Unternehmen müssen sich bewusst sein, dass ein gesamter Bereich an einen externen Dienstleister übertragen wird. Diese Studie beschäftigt sich mit der Herangehensweise, ob und wie ein Unternehmen diesen besonderen Prozess des Outsourcings meistern kann.

2.2.2 Theoretische Erklärungsansätze

Für die Entscheidung, ob ein BPO durchgeführt wird oder nicht, kann man sich theoretischer Ansätze bedienen. In dieser Studie werden zwei Ansätze näher betrachtet. Das ist zum einen die Transaktionskostentheorie und zum anderen der Resource Based View- Ansatz.[17] Es wurden diese beiden Grundgedanken gewählt, da sie unterschiedliche Ansätze für die „Make or Buy"- Entscheidung liefern.

Die **Transaktionskostentheorie** ist ein Teil der neuen Industrieökonomie. Der Transaktionskostenansatz beschäftigt sich mit der Erklärung der effizienten Gestaltung von Austauschbeziehungen (=Transaktionen) zwischen den Transaktionspartnern.[18] Diese Theorie wurde 1937 von Ronald H. Coase aufgestellt und wurde von Williamson weiterentwickelt.

---

[17] Diese Theorien repräsentieren nicht die vollständige Erklärung für ein BPO, sondern sollen nur die Herangehensweise darstellen.
[18] Unter Transaktionspartnern sind Individuen, Organisationen aber auch Unternehmen zu verstehen.

Es wird untersucht, wo am Markt welche Transaktionen am kostengünstigsten abgewickelt werden können.[19] Im Fokus stehen einzelne Transaktionen, die mit Kosten bzw. Transaktionskosten verbunden sind. Unter Transaktionen ist nicht nur der Austausch von Leistungen zu verstehen, sondern auch die zeitlich vorgelagerte Übertragung der Verfügungsrechte von Dienstleistungen.[20]

Die Transaktionskosten werden in Ex ante und Ex post unterschieden. Die Ex ante Transaktionskosten sind die Kosten, die vor dem Vertragsschluss entstehen. Das sind die Anbahnungskosten, z.B. die Kosten für die Informationssuche oder der Partnersuche und die Vereinbarungskosten, das sind z.B. Kosten der Verhandlung oder der Vertragsformulierung. Die Ex post Transaktionskosten entstehen nach dem Vertragsschluss. Dazu gehören die Kontrollkosten, z.B. Einhaltung von Preis und Qualität, und die Anpassungskosten, z.B. Durchsetzung von Preisänderungen.

Die Höhe der Transaktionskosten hängt von zwei Annahmen ab. Zum einen wird das opportunistische Verhalten unterstellt und zum anderen wird die begrenzte Rationalität vorausgesetzt. Der Opportunismus impliziert, dass die Transaktionspartner zu ihrem eigenen Vorteil handeln, d.h. durch List, Täuschung, Verzerrung und Vertragsbruch ihren Nutzen maximieren wollen. Aufgrund der begrenzten Rationalität, also einem unvollkommenen Wissen und begrenzter Informationsverarbeitung, wird die Handlungsfähigkeit der Akteure eingeschränkt.[21]

Aufgrund dieser Annahmen sind Transaktionskosten meist höher als nötig, da die Transaktionspartner versuchen diese Unsicherheiten, z.B. durch detaillierte Verträge, von vorn herein abzusichern.

Hinsichtlich der Outsourcing Entscheidungen werden diese Annahmen durch Williamson erweitert. Die Höhe der Transaktionskosten hängt weiterhin von der Spezifität (specificity), der Unsicherheit (uncertainty) und der Häufigkeit (frequency) ab. Durch diese weiteren Annahmen kann der Akteur besser entscheiden, ob eine Eigen- oder Fremdfertigung sinnvoller ist. Die Spezifität wird durch die Investition der Transaktionen bestimmt. Je größer die Spezifi-

---
[19] Vgl. Willamson (1990), S. 4.
[20] Vgl. Jost (2001), S.10.
[21] Vgl. Williamson (1990), S.52ff.

tät ist, desto größer ist die gegenseitige Abhängigkeit. Transaktionen mit hoher Spezifität sollten nicht über den Markt abgewickelt werden, da das opportunistische Verhalten dazu führen kann, dass der Transaktionspartner die Situation zu seinem eigenen Vorteil ausnutzen könnte.[22] Aufgrund der begrenzten Rationalität ist es den Transaktionspartnern nicht möglich alle Parameter der Vertragsverhandlung einzubeziehen. Somit entsteht ein Maß an Unsicherheit. Bei einem hohen Grad an Unsicherheit ist die Eigenfertigung vorzuziehen, da das opportunistische Verhalten begünstigt wird.[23] Die dritte Annahme, die Häufigkeit, beschreibt, dass durch immer wiederkehrende Transaktionen Mengen-, Lern- und Spezialisierungseffekte auftreten. Durch die sich wiederholenden Transaktionen baut sich eine Vertrauensbasis zwischen den Akteuren auf, durch die das opportunistische Verhalten reduziert und die Transaktionskosten geringer werden.[24]

Diese Theorie zeigt, dass bestimmte Faktoren bei der Entscheidung eine Outsourcing Partnerschaft einzugehen, beachtet werden müssen.

Der Transaktionskostenansatz bezieht sich auf die Suche nach einer kostengünstigsten Variante HR- Aufgaben auszulagern, wohingegen der zweite Ansatz, der **Resource Based View**, langfristige Wettbewerbsvorteile realisieren will.

Dieser Ansatz versteht ein Unternehmen als ein Bündel von Ressourcen, welche einmalig und nicht kopierbar sind.[25] Der Begriff der Ressource wird von Barney folgendermaßen beschrieben:

> „all assets, capabilities, organizational processes, firm attributes, information, knowledge, etc. controlled by a firm to conceive of and implement strategies that improve its efficiency and effectiveness."[26]

Barney unterteilt die Ressourcen in drei Klassen. Die erste Klasse ist die physische Ressource. Das sind z.B. die verfügbaren Anlagen und Ausstattungen, Technologien und die Standorte von Unternehmen. Die zweite Kate-

---

[22] Vgl. Williamson (1990), S.67f.
[23] Vgl. Williamson (1990), S.9.
[24] Vgl. Nagengast (1997), S.193.
[25] Vgl. Barney (1991), S.101.
[26] Vgl. Barney (1991), S.101.

gorie der Ressourcen ist das Humankapital. Darunter sind z.B. die Leistungsfähigkeit bzw. Leistungsbereitschaft der Mitarbeiter und ihr Know- How zu verstehen. Die dritte Unterteilung ist die organisatorische Ressource, welche die Managementsysteme und die sozialen Beziehungen umfasst.[27]

Aus der Kombination dieser Ressourcen ergibt sich der Wettbewerbsvorteil eines Unternehmens. Um einen nachhaltigen Wettbewerbsvorteil realisieren zu können, müssen bestimmte Kriterien erfüllt werden. Sie müssen wertvoll sein, um Leistungs- oder Kostenvorteile generieren zu können. Die Ressourcen müssen selten sein, damit sich das Unternehmen von Konkurrenten differenzieren kann. Weiterhin sollen sie nachhaltig sein, damit sie nicht einfach von Wettbewerbern imitierbar oder substituierbar sind.[28]

Ressourcen, die diese Eigenschaften besitzen, weisen einen hohen Spezifitätsgrad auf und gehören zu den Kernkompetenzen des Unternehmens. Somit dürfen diese Ressourcen nicht ausgelagert werden.[29]

Das Unternehmen, welches personalwirtschaftliche Bereiche auslagern möchte, muss vor der Entscheidung prüfen, ob diese Funktionen zu den Kernkompetenzen des Unternehmens gehören oder nicht. Da bei der Personalfunktion der direkte Bezug zu den Märkten fehlt, weisen sie keine Kernkompetenz des Unternehmens auf. Allerdings sind sie an der Entwicklung und dem Aufbau der Kernkompetenzen beteiligt.[30]

Folglich sollten nach diesem Ansatz nur die Ressourcen an externe Dienstleister weitergegeben werden, die eine geringe strategische Relevanz besitzen, um einen dauerhaften Wettbewerbsvorteil realisieren zu können.

Da der Resource Based View- Ansatz und der Transaktionskostenansatz auf unterschiedlichen Annahmen basieren und nicht im Zusammenhang mit dem BPO entwickelt wurden, ist es weniger überraschend, das keiner dieser Theorien das Phänomen des Outsourcing bzw. BPO als Ganzes erklären kann. Der Transaktionskostenansatz liefert Ansatzpunkte in welchem Grad das Outsourcing unter welchen Parametern einen Vorteil generieren kann. Das

---

[27] Vgl. Barney (1991), S.105ff.
[28] Vgl. Barney (1991), S.102ff.
[29] Vgl. Barney (1991), S.108.
[30] Vgl. Schweizer et. al. (2005), S.29f.

Resource Based View hingegen bietet Erklärungsansätze bezüglich der Beeinflussung der Entscheidungen und der Partnerwahl des BPO´s.[31]
Um als Unternehmen eine Entscheidung bezüglich des Outsourcings zu treffen, kann es hilfreich sein, wenn beide Ansätze kombiniert werden, da dann die Kosten und die Wettbewerbsvorteile beachtet werden.

2.3 Human Resources

In dieser Studie werden die Human Resources aus der Unternehmenssicht betrachtet. Es haben sich in Deutschland sehr viele Synonyme etabliert, die sich auf diesen Begriff beziehen. Das sind u.a. Humankapital (Human Capital), Humanvermögen (Human Assetts), Human Ressource (Human Resources), Humankapitalstock.[32]
Semmler definiert Human Resources wie folgt:

"Das Humankapital umfasst alle immateriellen Werte eines Unternehmens im Personalbereich. Hierzu zählen das im Personal inhärente Wissen (z.B. Expertenwissen), die Kompetenzen des Personals (z.B. Führungsqualitäten) sowie die sonstigen immateriellen Werte im Personalbereich (z.B. ein gutes Betriebsklima)."[33]

Weiterhin stellt Semmler bestimmte Merkmale vor, die den vermögenskritischen Wert des Unternehmens noch näher beschreiben.
Die Human Resources (HR) umfassen alle Leistungspotentiale[34] der Mitarbeiter, die einem Unternehmen gegen eine Vergütung zur Verfügung stehen. Außerdem enthalten die HR das geistige und körperliche Leistungspotential der Mitarbeiter, dabei ist das vorhandene, aber auch das latent vorhandene Leistungspotential gemeint. Die HR sind nicht Eigentum des Unternehmens, sondern gehören allein dem Individuum. Es wird somit vom Mitarbeiter frei-

---
[31] Vgl. Hollekamp (2005), S.89.
[32] Vgl. Semmler (2009), S. 8.
[33] Vgl. Semmler (2009), S.10.
[34] Unter Leistungspotentialen sind u.a. Wissen, Erfahrungen, Kreativität, Kompetenzen zu verstehen.

willig bereit gestellt. Der Mitarbeiter an sich stellt nicht die Human Resources dar, sondern er besitzt das individuelle Humankapital. Die HR ist vom Unternehmen beeinflussbar und hat somit Investitionsgutcharakter[35]. Die HR kann den Marktwert des Unternehmens maßgeblich beeinflussen.[36]

Abgeleitet davon, umfasst das Human Resource Management, wie auch das Personalmanagement, die Auswahl und Einstellung neuer Mitarbeiter, die Ermittlung des Personalbedarfs und die generelle Personalführung.

---

[35] Durch Konsumverzicht in der Gegenwart kann für die Zukunft in das Humankapital investiert werden.
[36] Vgl. Semmler (2009), S.11.

3 Business Process Outsourcing von Human Resources

In diesem Kapitel wird das BPO, hinsichtlich des Personalmanagements, untersucht.

3.1 Eignung des Personalmanagements zum Outsourcing bzw. BPO

Das Outsourcing hat in Deutschland eine lange Tradition. Mit dem IT- Outsourcing begann die Auslagerung durch immer komplexer werdende Aufgaben. Mittlerweile stehen auch andere Aufgabenbereiche im Fokus des Outsourcings. Die nachfolgende Abbildung zeigt ausgewählte Bereiche und stellt diese nach ihrer Outsourcing- Eignung und dem Stand der ihrer Umsetzung dar.

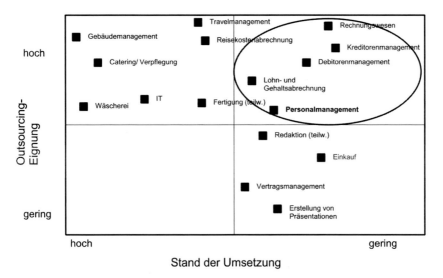

Abbildung 2: Eignung und Stand der Umsetzung von Outsourcing[37]

Wie die Abbildung zeigt, gibt es eine Vielzahl an Aufgaben die sich sehr gut eigenen und auch schon ausgelagert werden, z.B. Gebäudemanagement,

---
[37] Eigene Darstellung in Anlehnung an Wullenkord et. al. (2005), S.27.

Catering, Travelmanagement etc. Es gibt auf der anderen Seite Unternehmensbereiche die sich nicht oder nur gering zum Outsourcing eigenen, wie z.B. Vertragsmanagement, Einkauf etc. Die Markierung zeigt den wichtigen Bereich, der in dieser Studie näher betrachtet werden soll. Zum einen ist das Outsourcing- Potential sehr hoch, aber die Umsetzung ist noch schleppend. Die Graphik zeigt eindeutig, dass sich das Personalmanagement gut eignet, um ausgelagert zu werden.

Es wird geprüft, warum das Personalmanagement nicht ausgelagert wird, wenn es so viel Potential verspricht. Die Ursachen liegen darin, dass die primäre Fertigung und fertigungsnahe Bereiche bevorzugt outgesourct wurden, da sich Unternehmen auf ihre Kernkompetenzen, also auf das Produkt oder die Dienstleistung, konzentriert haben. Ein weiteres Problem, warum das Personalmanagement vernachlässigt wurde, liegt in den falschen Anreizsystemen. Die Bedeutung bzw. die Machtposition eines Managers wird in Deutschland oft an der Anzahl seiner Mitarbeiter gemessen. Deshalb werden diese Manager nicht ihre Mitarbeiterzahl reduzieren und Bereiche auslagern. Ein weiterer Grund ist die Angst administrative Prozesse auszulagern und somit die Kontrolle darüber zu verlieren. Auch der Mangel an BPO- Dienstleistern war ein Problem. Es gab wenig Anbieter, die ein umfassendes Angebot für diesen Bereich des Outsourcings anboten.[38]

Das BPO kann heutzutage sehr gut umgesetzt werden, da einige Lösungsmöglichkeiten entwickelt wurden. Heute nutzen viele Unternehmen das BPO als Management- Tool, um Kosten zu sparen und Wettbewerbsvorteile zu generieren.[39]

Das Unternehmen muss sich grundsätzlich bewusst sein, das ein BPO nicht von allein funktioniert. Es muss sorgfältig vom auszulagernden Unternehmen gemanagt werden. Sie müssen sich der Chancen aber auch der Risiken[40] bewusst sein. Weiterhin muss das Unternehmen seine Prozesse bzw. Bereiche überprüfen, ob sie ausgliederbar sind. Folgende Fragen sollten beantwortet werden:

---

[38] Vgl. Wullenkord et. al. (2005), S.27ff.
[39] Vgl. Wullenkord et. al. (2005), S.29.
[40] Die Chancen und Risiken werden in Kapitel 3.4 und 3.5 näher beleuchtet.

a) Gehört der Prozess bzw. die Funktion zu den strategischen Kernkompetenzen?
b) Ist der Prozess standardisierbar?
c) Kann der Prozess bzw. die Funktion intern preiswerter erbracht werden?
d) Kann der Prozess intern besser erbracht werden?[41]

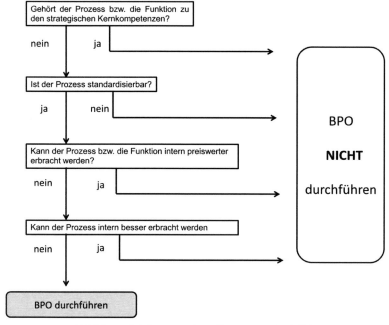

Abbildung 3: Eignung eines Prozesses für BPO

Diese Abbildung zeigt im Überblick, welche Fragen sich Unternehmen, bezüglich der Eignung der Prozesse für ein BPO, stellen sollte.

---

[41] Vgl. Wullenkord et. al. (2005), S. 36ff.

3.2 Marktpotentialanalyse in Deutschland

Laut der IFO Umfrage[42] befindet sich der deutsche Markt in einem leichten wirtschaftlichen Aufschwung. Trotzdessen ist die Nachhaltigkeit ungewiss und die wirtschaftlichen Bedenken der Unternehmen groß. Dabei schauen die Unternehmen konkreter auf den Back Office Bereich,[43] da hier die Kosten fix sind und sie sich kaum an die veränderte Absatzmenge anpassen. Durch die immer mehr steigenden Verwaltungskosten ist der Zeitpunkt für ein BPO ausgezeichnet. Obwohl BPO für viele Unternehmen eine Option ist, ist das Verhalten in Deutschland eher reserviert. Gründe dafür sind, dass der BPO-Markt noch sehr intransparent ist. Diese Intransparenz entsteht dadurch, dass die Unternehmen ihre Outsourcing-Verträge nicht in den Geschäftsberichten veröffentlichen müssen.[44] Dementsprechend kann der BPO- Markt in Deutschland nicht richtig eingeschätzt werden. Trotz dieser Befangenheit der Unternehmen nimmt das Marktwachstum für BPO in Deutschland zu. Dies liegt u.a. am verstärkten Wettbewerbsdruck durch die Globalisierung. Die Studie des Offshoring Institutes hat sich im Jahr 2009 mit der Berechnung des Marktvolumens des BPO beschäftigt. Dabei wurden das HR, Finance & Accounting (F&A) und der Einkauf betrachtet. Das Offshoring Institut geht davon aus, dass in Deutschland knapp 7.000 Unternehmen einen Umsatz von mehr als 100 Milliarden Euro generieren. Diese Unternehmen beschäftigen im Durchschnitt 2.500 Mitarbeiter. In dieser Berechnung wird davon ausgegangen, dass die betrachteten Unternehmen[45] gemeinsam einen Umsatz von 5.782 Milliarden Euro erwirtschaften. Es wird die Annahme aufgestellt, dass sich die HR- Kosten auf 800- 1.100 Euro pro Mitarbeiter belaufen, welches in der Summe ca. 15 Milliarden Euro ergibt. Die Ausgaben für F&A betragen, nach aktuellen Benchmarks, zwischen 0,9 Prozent und 1,1 Prozent und die Ausgaben im Einkauf betragen im Durchschnitt 0,58 Prozent des

---

[42] Vgl. Dressler et.al. (2009), veröffentlicht im Internet (10.04.2012).
[43] Mit Back Office sind Personal- und Infrastruktur eines Unternehmens zur Abwicklung aller internen Geschäftsprozesse gemeint. Typische Back Office Prozesse sind Finance & Accounting, HR, IT, Facility Management usw.
[44] Zur Vervollständigung: US-amerikanische Unternehmen müssen schon seit Jahren langfristige Outsourcing Verträge in ihrem Jahresbericht angeben.
[45] In dieser Studie werden die 10 umsatzstärksten Unternehmen betrachtet. Das sind z.B. Volkswagen AG, Daimler AG, Allianz, Deutsche Bank usw.

Umsatzes. Die Summe dieser drei Bereiche beträgt ca. 105 bis 110 Milliarden Euro. Die Prozesse, die tatsächlich an externe Dienstleister vergeben werden, belaufen sich bei dieser Studie auf einem konservativen Prozentsatz von 30 Prozent.[46]

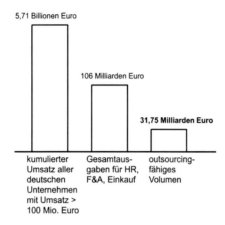

Abbildung 4: Marktvolumen HR, F&A und Einkauf[47]

Diese Abbildung macht deutlich, dass das Marktvolumen der Back Office Outsourcing rund 32 Milliarden Euro beträgt. Das BPO in Deutschland verfügt somit über ein sehr hohes Potential. Sollte das Marktvolumen, welches in der Graphik dargestellt wurde, ausgeschöpft werden, könnte eine jährliche Wachstumsrate von 32 Prozent realisiert werden.

Hierbei ist anzumerken, dass zwischen der Studie und der Realität der deutschen Wirtschaft eine große Lücke besteht. Die nächste Abbildung zeigt, dass das Marktpotential in Deutschland stetig ansteigt, aber das prognostizierte Wachstum weitaus höher eingestuft wird.

---

[46] Vgl. Dressler et.al. (2009), veröffentlicht im Internet, S.3 (10.04.2012).
[47] Eigene Darstellung in Anlehnung an Dressler et.al. (2009), veröffentlicht im Internet, S. 7 (10.04.2012).

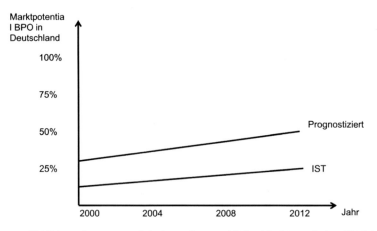

Abbildung 5: prognostizierte und tatsächliche Marktanteil des BPO in Deutschland[48]

Die Lücke zwischen den Ist und den prognostizierten Werten hat verschiedene Gründe. Zum einen, wie bereits erwähnt, die Intransparenz des Marktes. Desweiteren wollen die Unternehmen an ihren Prozessen festhalten, obwohl sie keine Kernkompetenzen darstellen. Weitere Punkte für die Zurückhaltung sind u.a. Sprach- und Kulturbarrieren sowie Datensicherheit.[49]

Der Markt für HR- BPO hat sich in den letzten Jahren positiv entwickelt. Lohn- und Gehaltsbuchungen wurden durch die Auslagerung von weiteren Aufgaben des Personalwesens erweitert. Als Fazit ist zu bemerken, dass die deutschen Unternehmen nicht sehr risikofreudig sind, ihre personalwirtschaftlichen Aufgaben an externe Dienstleister abzugeben. Ganz im Gegensatz zu den amerikanischen und britischen Unternehmen. Diese stellen sich nicht die Frage was ausgelagert wird, sondern was nicht ausgelagert werden kann. Obwohl die Unternehmen eher verhalten gegenüber dem HR- BPO sind, gibt es mittlerweile einige HR- BPO- Dienstleister. Zu diesen Dienstleistern zählen u.a. Aeveo, Autovision, BASE IT Services, Datev, Ratiodata etc.[50]

---

[48] Eigene Darstellung in Anlehnung an Dressler (2008), veröffentlicht im Internet, S.12 (10.04.2012).
[49] Vgl. Dressler (2008), veröffentlicht im Internet, S.12 (10.04.2012).
[50] Vgl. Dressler et.al. (2009), veröffentlicht im Internet, S.4 (10.04.2012).

3.3 Die neue Rolle des HR- Managements

"HR professionals must be more than partners to be high- value- added professionals in organizations; they must be players. Players contribute. They are engaged. They are in the game, not observers of the game. They deliver value. They do not things that make difference." [51]

Bis in die 90er Jahre gehörten zum Personalmanagement nur die Bereiche der Personalverwaltung, Aus- und Weiterbildung, Tarifpolitik und andere verwaltungsorientierte Funktionen. Die Mitarbeiterführungsaufgaben wurden immer mehr an den Linienmanager abgegeben und somit waren die Personaler nur noch reine Verwalter.[52]

Mitte der 90er Jahre entwickelte sich das Konzept des Business Partners. Diese neue Rolle des HR- Managers ermöglichte eine strategische Mitbestimmung. Der HR- Manger beschäftigte sich mehr und mehr mit Mehrwertthemen wie z.B. Führungskräfte- und Personalentwicklung, Talent Management, Nachfolgeplanung und Change- Management.[53]

Eine Studie der Capgemini Consulting[54] im Jahre 2010 definiert für den HR-Manager bzw. den Business Partner fünf Dimensionen. Die folgende Abbildung zeigt diese Dimensionen im Überblick.[55]

---

[51] Lawler et. al. (2004), S.23.
[52] Vgl. Schwarz et. al. (2005), S.83.
[53] Vgl. Capgemini Consulting (2011), veröffentlicht im Internet, S.13 (10.04.2012).
[54] Diese Studie basiert auf einer Befragung der größten deutschen, österreichischen und Schweizer Unternehmen.
[55] Vgl. Capgemini Consulting (2011), veröffentlicht im Internet, S.14 (12.04.2012).

Dimensionen	Kriterium für HR-Business- Partner	Ablesbar an
Einfluss/ Macht	• Einbindung in wesentliche Entscheidungsprozesse	• Teilnahme, und Stimmberechtigung in Management- Meetings
Akzeptanz	• Anerkennung von HR • Vertrauen der Führungskräfte ggü. HR-Vertretern	• Häufigkeit der Konsultation durch Führungskräfte • Gesprächsthemen
Organisation	• Thematische und organisatorische Verankerung in den Geschäftsbereichen	• Organigramm • Businessrelevanter Input von HR
Aufgaben	• Realisierung wertschöpfender/ strategischer Themen	• Aufgabenbeschreibung • Ausübung der konkreten Funktion
Wertbeitrag	• Nachweisbarer und zahlenbasierter Beitrag zum Unternehmenserfolg	• Vorhandensein und Umsetzung der HR-Strategie • HR-Controlling

Abbildung 6: Erkennungsmerkmale von HR- Business Partner[56]

Bei der Dimension **Einfluss und Macht** unterscheidet sich der Business Partner von dem „reinen" Personalmanager. Der HR- Business Partner wird in entscheidende Prozesse einbezogen und ist stimmberechtigt.

Die **Akzeptanz** zeigt, dass der Personalverantwortliche von den Mitarbeitern Vertrauen und Anerkennung bekommt. Er darf bei Führungsentscheidungen und- problematiken mitbestimmen.

Die Dimension der **Organisation** zeigt, wie der HR- Business Partner im Organigramm angesiedelt ist und wie viel relevante Beiträge der Business Partner außerhalb des HR- Bereiches leistet.

Anhand der **Aufgaben** bzw. Aufgabenbeschreibung lässt sich feststellen, welche Wertigkeit der HR- Business Partner im Unternehmen hat. Hierbei handelt es sich um wertschöpfende und strategische Aufgaben, wie z.B. Talent Management oder Training von Führungskräften.

Die letzte Dimension ist der **Wertbeitrag**. Hierbei leistet der HR- Business Partner einen direkten Beitrag zum Unternehmenserfolg. Er kann Unterneh-

---

[56] Eigene Darstellung in Anlehnung an Capgemini Consulting (2011), veröffentlicht im Internet, S.14 (12.04.2012).

mensstrategien erkennen und umsetzen, z.B. Merger & Acquisition, Restrukturierung usw.[57]

Nun stellt sich die Frage, wie die HR- Business Partner die Dimensionen in der Praxis einschätzen. Die Capgemini Consulting hat hierzu eine Befragung bezüglich der Selbsteinschätzung durchgeführt und die nächste Abbildung stellt die Ergebnisse dar.

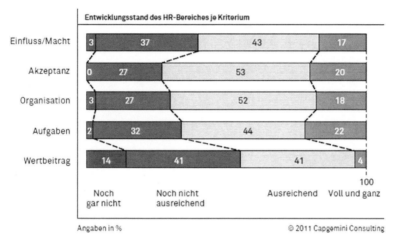

Abbildung 7: Selbsteinschätzung der HR- Business Partner[58]

Die Dimension Einfluss und Macht zeigt die Einbindung der HR- Business-Partner in Entscheidungsprozesse. Immerhin 43 Prozent sehen sich als ausreichend und 17 Prozent als voll und ganz in diese Prozesse einbezogen. Die Herausforderung ist hierbei die Definition innerhalb der Unternehmenskultur. Die Einbindung der HR- Business Partner kann verschieden sein. So kann hierbei die informelle Mitbestimmung, ein Vetorecht oder aber auch nur die Teilnahme an Entscheidungsprozessen gemeint sein.

Die zweite Dimension, die Akzeptanz ist gut aufgestellt. 73 Prozent der Befragten fühlen sich ausreichend oder voll und ganz akzeptiert. Der Grund ist, dass der Personaler eine Vertrauensperson ist. Der Unmut der Mitarbeiter richtet sich nicht direkt gegen den HR- Business Partner, sprich nicht gegen

---

[57] Vgl. Capgemini Consulting (2011), veröffentlicht im Internet, S.15 (12.04.2012).
[58] Capgemini Consulting (2011), veröffentlicht im Internet, S.15ff (12.04.2012).

Personen, sondern vielmehr gegen bürokratische und zeitraubenden Prozesse, Policies und Systeme.

Die dritte Dimension, die Organisation, zeigt, wie nah der HR- Business Partner in den Geschäftsprozessen verankert ist. Er muss wissen welche Probleme seine Kunden bezüglich Wert und Kosten haben und auch außerhalb seiner HR- Aufgaben mitreden können. Anhand der Abbildung erkennt man, dass 52 Prozent der Befragten diesen Punkt als ausreichend erfüllt sehen und sogar 18 Prozent voll und ganz zufrieden sind. Die 30 Prozent, welche nicht oder nicht ausreichend angegeben haben, sind zum Teil auf die Finanzkrise zurück zu führen. Während dieser Zeit kam es zu Kurzarbeit, Restrukturierung und Personalabbau.

Damit der HR- Bereich dem Business- Partner gerecht wird, müssen transformationale und wertschöpfende Prozesse[59] professionell bewältigt werden. 22 Prozent sind der Ansicht, dass sie die Dimension der Aufgabe voll und ganz bewerkstelligen. 44 Prozent sind der Meinung, dass sie die Prozesse ausreichend erfüllen. 34 Prozent verwirklichen diese Aufgaben gar nicht bis nicht ausreichend. In dieser Hinsicht zeigt dieses Ergebnis eine Verbesserung im Gegensatz zur Befragung im Jahr 2008[60]. Die Einschätzung der Capgemini Consulting für diesen Grund ist, dass sie die Mehrwertthemen nicht näher definiert haben und somit jedes Unternehmen diese Parameter selbst festsetzen konnte. Die Ursache für die Nichtfestlegung war, dass diese Themen je nach Unternehmen, Branche, Konjunktur, Marktentwicklungen und strategischen Prioritäten variierten.

Die letze Dimension, der Wertbeitrag, ist ebenfalls eine Definitionsfrage. Es variiert von Unternehmen zu Unternehmen, welche Prozesse einen Wert darstellen. Allerdings gibt es auch unterschiedliche Vorstellungen innerhalb des Unternehmens. Für den Personaler haben Talent Management, Nachfolgeplanung usw. einen Mehrwert, für andere Abteilungen liegen die Prioritäten in anderen Bereichen. Diese Diskrepanz zeigt sich im Ergebnis der Befragung. Gut die Hälfte sind der Meinung sie erfüllen dieses Kriterium ausrei-

---

[59] Zu diesen Prozessen gehören z.B. Talent Management, Personal- und Führungskräfteentwicklung oder Change Management.
[60] Im Jahr 2008 meinten die Befragten, das 41 Prozent die Prozesse nicht bzw. ausreichend erfüllt sind.

chend bis voll und ganz und die andere Hälfte meint, dass es gar nicht bis nicht ausreichend erfüllen wird.[61]

Zusammenfassend kann man sagen, dass der HR- Business Partner ein Allrounder sein muss. Er sollte ein sehr gutes HR- Fachwissen besitzen, um bei Entscheidungsprozessen beraten zu können, weiterhin muss er sich auch außerhalb des HR- Bereiches Wissen aneignen, um immer bestens informiert zu sein. Er muss soziale Kompetenzen besitzen, um u.a. Vertrauen schaffen zu können. Er muss zusätzlich zu seinen operativen Aufgaben anspruchsvolle, wertschöpfende und strategische Herausforderungen bewältigen.

In der Praxis führt diese Beschreibung des HR- Business Partner zu Problemen. Zum einen fehlt die Einbindung in die entscheidenden Geschäftsprozesse. Zum anderen wird der HR- Business Partner von seinen operativen Aufgaben überfordert. Weiterhin wird der HR- Business Partner innerhalb der Linie nicht ausreichend anerkannt.[62]

---

[61] Vgl. Capgemini Consulting (2011), veröffentlicht im Internet, S.13ff (17.04.2012).
[62] Vgl. Capgemini Consulting (2011), veröffentlicht im Internet, S.18f (12.04.2012).

3.4 Vorteile bzw. Motive

BPO schafft viele Möglichkeiten für Unternehmen, sich auf dem Markt besser zu platzieren. Die Abbildung 8 zeigt die Gründe für Unternehmen im Überblick.

Abbildung 8: Gründe für BPO[63]

Diese Studie wurde von der EDS Deutschland GmbH und der PAC GmbH[64] im Jahr 2006 durchgeführt. Hierzu haben sie 82 Unternehmen in Deutschland, bezüglich ihrer Gründe ein BPO zu realisieren, befragt.
In dieser Befragung wurde deutlich, dass für fast die Hälfte der Unternehmen der wichtigste Grund, für eine BPO- Entscheidung, die Konzentration auf die Kerngeschäfte darstellt. Durch diese Konzentration erhoffen sich die Unternehmen eine bessere und stärkere Positionierung auf dem Markt. Der Fokus auf die Kostenreduzierung bzw. -transparenz wurde ebenfalls als wichtiger Punkt von den Befragten genannt. Weiterhin stand die strategische Komponente und die Leistungs- bzw. Qualitätsverbesserung im Vordergrund.

---

[63] Eigene Darstellung in Anlehnung an Kaiser (2006), veröffentlicht im Internet, S. 20 (17.04.2012).
[64] Vgl. Kaiser (2006), veröffentlicht im Internet, S. 20 (17.04.2012).

In diesem Kapitel 3.4 wird sich auf die wesentlichen Aspekte konzentriert. Das sind die Kostenmotive, die strategischen Motive und die Leistungsoptimierung.

3.4.1 Kostenmotive

Das typische Argument für ein BPO ist das Kostenmotiv. Erst durch die mögliche Kostenreduzierung werden viele Unternehmen auf das BPO aufmerksam. Durch die immer dynamischer werdenden Märkte, muss das Unternehmen Maßnahmen ergreifen, welche die Kosten reduzieren können.[65]
Diese Überlegung basiert auf der Transaktionskostentheorie, wobei der Fokus auf der Einsparung von Kosten liegt. Hierbei kann der externe BPO-Dienstleister die betreffenden Aufgaben besser und günstiger erledigen als das Unternehmen es könnte. Das Kostensenkungspotential beträgt bis zu 30 Prozent.[66] Zu dieser Behauptung gibt es auch Kritiker. Nagengast ist der Meinung, dass man diese Aussage nicht pauschalisieren darf. Der Grund dafür ist, dass die Kosten nicht aufgeschlüsselt und dementsprechend nicht nachvollziehbar sind.[67]
Trotzdessen wird die Auslagerung von Prozessen bzw. Bereichen von bestimmten Effekten charakterisiert. Eine Folge der Kostendifferenzierung ist der Skaleneffekt. Skaleneffekt bedeutet, dass die durchschnittlichen Kosten, pro Leistungseinheit, mit steigendem Output sinken. Das heißt, wenn der BPO- Dienstleister mehrere gleichartige Prozesse von unterschiedlichen Kunden, z.B. im Personalwesen, zusammenführen kann, können Prozesskosten reduziert werden. Durch einen größeren Output, kann ein günstigerer Preis angeboten werden.
Der BPO- Dienstleister kann die Infrastruktur, automatisierte Prozesse und standardisierte Dienstleistungen vielen Kunden gleichzeitig zur Verfügung stellen.[68] Somit hat der Dienstleister, bei gleicher Kostenstruktur wie der Kunde, weniger Kosten, als wenn ein Unternehmen diese Prozesse allein

---

[65] Vgl. Wullenkord et. al. (2005), S.12.
[66] Vgl. Cottone et. al. (2005), S.269.
[67] Vgl. Nagengast (1997), S.89f.
[68] Vgl. Hentschel (2008), S.18.

bewältigen würde. Ein Beispiel ist hierfür ist die Lohn- und Gehaltsabrechnung. Da dieser Prozess standardisiert werden kann, können die BPO- Dienstleister eine schnellere und günstigere Abwicklung gewährleisten.

Ein weiterer Effekt ist der Verbundeffekt. In diesem Zusammenhang bedeutet das, dass eine Kombination von Prozessen ausgelagert wird. Durch die gleichzeitige Bearbeitung durch den BPO- Dienstleister können die Fixkosten sich auf einen höheren Output verteilen und somit sinken die Kosten für eine einzelne Einheit. Weiterhin beschäftigen sich nur wenige Mitarbeiter mit den ausgelagerten Prozessen, d.h. es gibt wenige Ansprechpartner, dadurch ergeben sich weniger Schnittstellen, an denen Fehler entstehen können und die Durchlaufzeiten können reduziert werden.[69] Ein weiteres Argument für die Kostenreduzierung durch die BPO- Dienstleister ist, dass sie sich auf die Bereiche, die sie anbieten spezialisiert haben und es somit ihr Kerngeschäft darstellt.

Ein weiterer Effekt ist der Erfahrungskurveneffekt. Hierbei kommt es durch mehrmaliges wiederholen von bestimmten Prozessen zu einer Mechanisierung bzw. zu einer Routine. Das Ergebnis ist, dass durch Verdopplung des Outputs eine Kostenreduktion von 20 Prozent bis 30 Prozent erfolgen kann.[70] Der BPO- Dienstleister kann seine erworbenen Erfahrungen, z.B. in anderen Projekten unterschiedlicher Branchen, nutzen.

Weitere Effekte, die durch BPO entstehen, sind geringere Personalkosten, da Mitarbeiter eingespart oder weitergeleitet werden. Weiterhin kann die Kostentransparenz[71] gewährleistet werden.[72]

Der Kostenaspekt nimmt für viele Unternehmen bezüglich der Auslagerung des Personalwesens immer mehr zu. Die Unternehmen versuchen die Stückkosten durch höhere Produktivität im Produktionsbereich immer weiter zu senken, aber in der Verwaltung steigen die Kosten kontinuierlich. Dementsprechend ist es für Unternehmen wichtig ihren Fokus auf diesen Kostenbereich zu legen, um eine effiziente Aufstellung am Markt generieren zu können.

---

[69] Vgl. Jedraßczyk (2007), S.72f.
[70] Vgl. Osterloh (2004), S.80.
[71] Durch die Auslagerung, können die Kosten leichter ermittelt werden als bei der Selbstherstellung. Die Abgrenzungsproblematik oder Mehrfachnutzung kann ausgeschlossen werden.
[72] Vgl. Schwarz et. al. (2005), S.20.

3.4.2 Strategische Motive

Die Unternehmen versuchen durch die zunehmende Globalisierung eine gute Marktposition zu erreichen. Dies gelingt nicht allein durch Kostenreduzierung. Das Unternehmen muss auch strategische Aspekte berücksichtigen. In diesem Kapitel werden unter den strategischen Perspektiven die Konzentration auf die Kernkompetenzen, Flexibilität und Risikoreduzierung betrachtet.

Der Resource Based View- Ansatz hat gezeigt, dass das Unternehmen spezifische Fähigkeiten ausbauen und erhalten soll, um einen nachhaltigen Wettbewerbsvorteil generieren zu können. Dementsprechend sollten sich Unternehmen auf diese Aufgaben konzentrieren, die sie am besten können. Der BPO- Kunde vergibt die Prozesse und Aufgaben an den BPO- Dienstleister, die nicht zu seinem Kerngeschäft gehören. Diese Aufgaben und Prozesse sind wiederum die Kernaufgaben des BPO- Dienstleisters. Durch die Konzentration auf die Kerngeschäfte des BPO- Kunden werden Freiräume und Entlastungen der betroffenen Mitarbeiter geschaffen. Diese freigewordenen Ressourcen können für neue Wettbewerbspotentiale genutzt werden.[73]

Im HR- Bereich sind z.B. die Prozesse der Abrechnung von Löhnen und Gehältern und Recruiting gemeint, da diese Routineaufgaben darstellen. Durch die Abgabe der Routineaufgaben kann sich die Personalabteilung mehr auf strategische Aspekte konzentrieren, z.B. ob die Mitarbeiter für ihre Aufgaben die benötigten Qualifizierungen besitzen.[74]

Bruch charakterisiert das Kerngeschäft wie folgt:

„Das Kerngeschäft ist eine strategische Geschäftseinheit, die in einem Markt eine führende Wettbewerbsposition einnimmt und wesentlich zur Wertsteigerung der Unternehmen beiträgt."[75]

Es gibt viele Unternehmen, die sich nur auf Teile der Wertschöpfungskette konzentrieren und die anderen Teile auslagern, z.B. Infineon oder Nike.[76]

---

[73] Vgl. Schwarz (2005), S.21.
[74] Vgl. Wullenkord et. al. (2005), S.14.
[75] Bruch (1998), S.13.
[76] Diese Beispiele werden später noch einmal aufgegriffen. (Kapitel 4.4)

Die Unternehmen sollten die Randbereiche auslagern, die nicht zum Kerngeschäft gehören, um die freigesetzten Ressourcen für die eigentlichen Kerngeschäfte zu nutzen. Dadurch entsteht eine langfristig und nachhaltig verbesserte Wettbewerbssituation.

Ein weiterer strategischer Aspekt ist die erhöhte Flexibilität des BPO- Kunden. Durch ein BPO sind die Unternehmen in der Lage schneller und effizienter auf Marktveränderungen reagieren zu können. Wenn die Unternehmen „nebensächliche" Prozesse und Aufgaben auslagern, kann eine bessere Konzentration auf z.B. eine genauere Analyse und Beobachtung des Marktes erfolgen. Im HR- Bereich ist damit gemeint, das man weiß wo sich die qualifiziertesten Mitarbeiter auf dem Markt befinden und/oder wie die Mitarbeiter weiterentwickelt werden können.[77] Dieser strategische Punkt schafft einen erheblichen Wettbewerbsvorteil gegenüber den Konkurrenten, da das Unternehmen mit erstklassigem Human Resources ausgestattet ist.

Die Reduktion des Risikos stellt ein weiteres strategisches Motiv dar. Die Unternehmen können durch die Auslagerung eine Verschiebung der Risiken von BPO- Kunde zu BPO- Dienstleister erreichen. Im HR- Bereich heißt das, dass sich das Unternehmen nicht mehr mit den Probleme des z.B. Personalausfall, Streiks oder Qualitätsproblemen beschäftigen muss, da es an den BPO- Dienstleister übertragen wurde.[78]

---

[77] Vgl. Beer (1998), S.121.
[78] Vgl. Beer (1998), S.123.

3.4.3 Leistungsoptimierung

Die Anforderungen am Markt verändern sich ständig und ein Unternehmen muss sich diese Veränderungen anpassen. Das Wissen bzw. Know- how des Unternehmens muss sich fortwährend weiterentwickeln, um am Markt konkurrenzfähig zu bleiben. Viele Unternehmen verfügen aber nicht über dieses spezielle Know- how oder können es sich auf Grund der hohen Kosten nicht leisten. Die Beschäftigung der Mitarbeiter führt zu einer Abhängigkeit, damit ist z.b. Krankheit, Urlaub usw. gemeint. Ein professioneller HR- BPO- Dienstleister verfügt über ein spezialisiertes und aktuelles Know- how sowie über qualifizierte Mitarbeiter. Die übernommenen Aufgaben von BPO- Dienstleister gehören zu seinem Kerngeschäft, deshalb kann er diese Prozesse kostengünstiger und effizienter bearbeiten.[79]

Auch der BPO- Dienstleiter muss sich am Markt gegenüber seinen Konkurrenten behaupten. Somit steht auch der Dienstleister unter Druck Kosten zu sparen und seine Leistungen zu optimieren. Durch die Spezialisierung der BPO- Dienstleister entsteht eine Erfahrungskurve, d.h. durch ständiges Wiederholen von gleichen Aufgaben wird die Qualität verbessert und die Dauer der Bearbeitung verkürzt sich bei immer geringeren Kosten.

In diesem Kapitel wurden nun die Vorteile für ein HR-BPO gezeigt. Den Unternehmen sollte bewusst sein, dass ein BPO nicht nur kostenreduzierende Vorteile beinhaltet, sondern es sollten auch strategische und leistungsoptimierende Perspektiven einbeziehen. D.h. man sollte eine Entscheidung für oder gegen ein BPO nicht nur von der Kostenseite betrachten.

Die Vorteile sind vielversprechend, doch stellt sich die Frage, warum die deutschen Unternehmen, im Vergleich zu den internationalen Unternehmen, noch zurückhaltender sind. Wo Chancen bzw. Vorteile sind, gibt es auch Risiken bzw. Nachteile. Dies wird im nächsten Kapitel betrachtet.

---

[79] Vgl. Schwarz (2005), S.21f.

3.5 Nachteile bzw. Risiken

Die Studie von der EDS Deutschland GmbH und der PAC GmbH haben ebenfalls die Nachteile eines BPO untersucht.[80] Die nachfolgende Abbildung zeigt das Ergebnis.

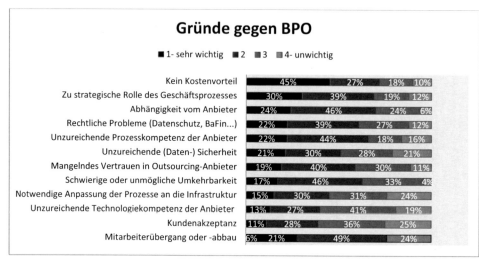

Abbildung 9: Gründe gegen BPO[81]

Fast die Hälfte der befragten Unternehmen entscheidet sich gegen ein BPO, wenn keine Kostenvorteile realisiert werden können. Ebenfalls wichtig für die Entscheidung gegen ein BPO ist es, wenn die Prozesse und Aufgaben zum Kerngeschäft gehören. Als sehr wichtiges Kriterium gegen ein BPO ist die Abhängigkeit der BPO- Kunden vom BPO- Dienstleister. Weitere sehr wichtige bis wichtige Gründe sind rechtliche Probleme, fehlende Kompetenzen beim BPO- Dienstleister, mangelndes Vertrauen seitens der BPO- Kunden und eine schwere Umkehrbarkeit der Prozesse, welche die Unternehmen von einem BPO abhalten. Nicht so schwer ins Gewicht fallen, aber nennenswert, sind die Anpassung der Prozesse an die Infrastruktur, unzureichende

---

[80] Vgl. Kaiser (2006), veröffentlicht im Internet, S.21f (17.04.2012).
[81] Eigene Darstellung in Anlehnung an Kaiser (2006), veröffentlicht im Internet, S.21 (17.04.2012).

Technologiekompetenz der BPO- Dienstleister, Kundenakzeptanz und der Mitarbeiterübergang bzw. -abbau.

Das Business Process Outsourcing im Personalbereich beinhaltet höhere Anforderungen als in anderen Bereichen des Unternehmens.[82] Diese Anforderungen müssen bedacht und die Risiken kritisch betrachtet werden.

In dieser Studie werden die wichtigsten Aspekte näher beleuchtet. Das sind das Kostenrisiko, das strategische Risiko, das Leistungsrisiko, die arbeitsrechtlichen Risiken und der Betriebsrat.

3.5.1 Kostenrisiken

Viele Unternehmen entscheiden sich gerade wegen der Kostenreduzierung für ein BPO. Dennoch kann es durch mangelhafte Umsetzung zu einer Kostensteigerung führen.

Ein Grund dafür kann die falsche oder unzureichende Kostenanalyse sein. Meist erfolgt nur ein Kostenvergleich der Produktionskosten, welche niedriger sind als die tatsächlichen Kosten.[83] Wichtig sind bei der Kostenbetrachtung auch die indirekten Kosten, die meist nicht beachtet oder unterschätzt werden. Mit diesen Kosten sind u.a. die Transaktionskosten gemeint. Wie schon im Kapitel 2.2.2 erläutert, gehören zu den Transaktionskosten die Anbahnungskosten, die Vereinbarungskosten, die Kontrollkosten und die Anpassungskosten.

Bei einem HR- BPO- Projekt ist es wichtig diese Transaktionskosten einzubeziehen. Welche Kosten beachtet werden müssen, wird nun untersucht. Die Anbahnungskosten sind die Kosten die zur Vorbereitung der Auslagerung anfallen. Das können die Kosten für die Suche, die Analyse oder die Auswahl des passenden BPO- Dienstleister sein. Die Vereinbarungskosten sind die Kosten, die im Zusammenhang mit dem Vertrag entstehen. Dieser Punkt ist sehr wichtig, da Unsicherheiten möglichst durch einen detaillieren Vertrag ausgeschlossen werden sollten. Hierbei können auch Kosten für externe Spezialisten, z.B. Rechtsanwälte, entstehen, die den Vertrag erstellen. Die

---
[82] Vgl. Wullenkord et. al. (2005), S.53.
[83] Vgl. Beer (1998), S.129.

Kontrollkosten sind die Kosten, welche bei der Prüfung der Einhaltung des Vertrages entstehen. Ebenfalls sind zu den Kontrollkosten auch die Kommunikationskosten und Koordinationskosten zwischen dem BPO- Kunden und dem BPO- Dienstleister einzubeziehen. Diesen Kosten sind besonders zu betrachten, da sie nicht einmalig anfallen, sondern während der gesamten Partnerschaft berücksichtigt werden müssen. Die Anpassungskosten sind die Kosten der Veränderung bzw. der Modifikation des Vertrages. Hierunter fallen Nachverhandlungen oder Vertragsaufhebung. Wenn die BPO- Partnerschaft scheitert, müssen neue Suchkosten berechnet werden.[84]

Zu den Transaktionskosten kommen weitere indirekte Kosten hinzu. Das sind z.B. die Umstellungskosten, welche bei der Auslagerung entstehen. Diese einmaligen Kosten muss der BPO- Kunde einplanen um seine interne Infrastruktur anzupassen. Hierzu zählen z.B. die Abfindungen der nicht mehr benötigten Mitarbeiter.[85]

Viele Unternehmen rechnen mit einer hohen Kostenersparnis und sind enttäuscht, wenn dieser Effekt nicht eintritt. Aus diesem Grund müssen die BPO- Kunden auch die direkten Kosten richtig einschätzen. Ein Unternehmen entscheidet sich nur für ein BPO, wenn die Kosten der Eigenherstellung höher sind als die Fremdherstellung. D.h. eine BPO- Auslagerung ist erst dann für den BPO- Kunden interessant, wenn die Kosten beim BPO- Dienstleister günstiger sind. Diese Kostensenkung ist aber nicht immer gegeben. Durch das Abhängigkeitsverhältnis, muss der BPO- Kunde dem BPO- Dienstleister vertrauen, das er ihm wirklich den günstigsten Preis gewährt.[86] Dieses Principal- Agent- Problem wird von einem opportunistischen Verhalten beeinflusst.

Viele Unternehmen wissen gar nicht wie viel ihre eigenen Prozesse kosten und können somit das Potential für ein BPO nicht einschätzen. Viele der Kosten können meist auch gar nicht oder nur ungenau identifiziert werden. Wenn es eine enorme Differenz zwischen der Eigenherstellung und der Fremdherstellung gibt, kann es sein, dass die internen Prozesse ineffizient sind. Hier

---

[84] Vgl. Nagengast (1997), S.111ff.
[85] Vgl. Nagengast (1997), S.113.
[86] Vgl. Nagengast (1997), S.114.

schlägt Schwarz erst eine Prozessoptimierung vor, bevor ein BPO in Betracht kommt.[87]

In diesem Zuge muss auch der arbeitsrechtliche Aspekt betrachtet werden, der im Kapitel 3.5.4 näher untersucht wird. Meist ist es dem Unternehmen gar nicht möglich seine Mitarbeiter zu entlassen oder anderweitig zu beschäftigen.[88]

3.5.2 Strategische Risiken

Der strategische Aspekt ist, genau wie das Kostenrisiko, ein wichtiges Entscheidungskriterium, ob ein BPO eingegangen wird oder nicht.
Dem BPO- Kunde muss bewusst sein, dass ein Abhängigkeitsverhältnis eingegangen wird und somit die Selbstständigkeit für den Bereich verloren geht. Mit dem Outsourcing verliert das Unternehmen weiterhin das Know- how bzw. die Kompetenz (wenn vorher vorhanden) und die Kontrolle über die ausgelagerten Prozesse.
In einer Studie geben 70 Prozent der befragten Führungskräfte an, dass sie Angst vor einer zu starken Abhängigkeit von dem BPO- Dienstleister haben. Deshalb sehen viele Unternehmen von einem BPO im Personalbereich ab. Die größte Sorge ist der Datenverlust, welcher bei der Auslagerung an den BPO- Dienstleister stattfindet. Die Daten könnten an andere Unternehmen geleitet werden, wenn die Eigentumsrechte der Daten nicht korrekt im Vertrag festgelegt wurden. Weiterhin geben die Befragten in der Studie an, dass 40 Prozent Angst vor einem Kontrollverlust haben. Wie bereits am Anfang erwähnt, bemisst sich die Position einer Führungskraft an der Vielzahl seiner Verantwortlichkeiten, sei es an der Menge der Aufgaben oder der Mitarbeiter. Dementsprechend wollen die Führungskräfte nur wenig bis gar nichts delegieren und keine Kontrolle abgeben. Diese Sorge ist nicht komplett berechtigt. Die BPO- Kunden können heutzutage ohne Zeitverzögerung online auf ihre Daten zugreifen und haben somit die gesamte Kontrolle. Ein weiteres Problem, welches 50 Prozent der Befragten nannten, ist der Know- how Ver-

---

[87] Vgl. Schwarz et. al. (2005), S.25.
[88] Vgl. Hollekamp (2005), S.651.

lust. Die Befragten meinten, dass durch das BPO das Eingriffs- und Gestaltungsrecht dem Unternehmen entzogen wird. Für diesen Fall kann sich der BPO- Kunde aber absichern. Zum einen ist es wichtig, dass im Vertrag diesbezüglich Vorkehrungen getroffen werden müssen. Zum anderen muss das Unternehmen in Schulungen der verbleibenden Mitarbeiter investieren. Durch das BPO werden meist die kompetenten Mitarbeiter an den Dienstleister übergeben. Im Unternehmen bleiben die Mitarbeiter, welche mit dem BPO- Dienstleister kommunizieren müssen, z.B. das IT- Personal. Diese Mitarbeiter verfügen meist nicht über die benötigte Sachkompetenz, welches zu Kommunikationsschwierigkeiten zwischen den Vertragspartnern führen kann.[89]

3.5.3 Leistungsrisiko

Das Eingehen eines BPO heißt nicht immer, dass die Leistung bzw. die Qualität verbessert wird. Der BPO- Dienstleister bearbeitet standardisierte Aufgaben einer Vielzahl von Kunden, um Mengen- und Kostenvorteile realisieren zu können. Durch diese Vorgehensweise kann es zu einer Reduzierung der Qualität der Leistung führen. Im HR- BPO wäre es also möglich, dass bei einem Recruitingvorgang ein Bewerber mehreren Unternehmen angeboten wird. Der BPO- Kunde bekommt dementsprechend keinen individuellen Bewerbern angebotenen, sondern einen standardisierten Bewerber.

Diese Probleme können durch verstärkte Kontrollen oder Nachverhandlungen verbessert werden. Das heißt wiederum, das die Kosten der Fremdfertigung teurer werden als vorher berechnet. Der Grundgedanke der Transaktionskostentheorie kann durch dieses Defizit nicht erreicht werden. Die Lösung für dieses Problem, meint Schwarz, wäre die Einführung eines Service Level Agreement (SLA). Hierbei handelt es sich um eine Vereinbarung, welche u.a. das Qualitätsniveau, die Termingenauigkeit und Vertragstrafen bei Minderleistung regelt. Es wird also eine Grundlage geschaffen, die die Leistungsqualität, den sogenannten Service Level, festlegt.[90]

---

[89] Vgl. Wullenkord et. al. (2005), S.164ff.
[90] Vgl. Schwarz et. al. (2005), S.24.

Die Motivation der ehemaligen Mitarbeiter kann ein weiterer Punkt für eine Leistungsreduzierung sein. Diese Mitarbeiter werden sich nicht so für ein anderes Unternehmen einsetzen, wie für das Eigene. Weitere Aspekte für Leistungsdefizite können Wissenslücken, mangelnde Kommunikation und unterschiedliche Unternehmenskulturen sein.[91]

3.5.4 Arbeitsrechtliche Risiken

Ein weiterer Punkt, der beachtet werden muss, ist der arbeitsrechtliche Aspekt. Diese Studie schafft einen kurzen Überblick über diese Thematik, d.h. dass die Anwender eines BPOs sich mit diesem Punkt individuell vor dem BPO- Projekt auseinandersetzen müssen.

Wenn ein Unternehmen ein BPO durchführen möchte, muss es bestimmte Pflichten und Regeln einhalten. Diese Vorschriften sind im Bürgerlichen Gesetzbuch im § 613 a BGB[92] verankert und enthalten Bestimmungen des Umwandlungsgesetzes sowie die Mitbestimmung durch den Betriebsrat. Der § 613 a BGB regelt die Arbeitsverhältnisse aller Art. Ausgenommen hiervon sind Heimarbeiter, Ruhestands- und Dienstverhältnisse mit wirtschaftlichem Zweck, sowie Personen in Organstellung. Es werden die Konsequenzen für bestehende Arbeitsverhältnisse im Rahmen eines Betriebsüberganges geregelt. Bei einem HR- BPO muss entschieden werden, was mit den tangierenden Arbeitsverhältnissen geschieht. Das Unternehmen muss sich die Frage stellen, ob die Arbeitsverhältnisse weiter zu unveränderten Bedingungen bestehen bleiben, wie die Haftungsbestimmungen des neuen und alten Arbeitgebers aussehen sollen und wie der Fortbestand des Betriebsrates[93] gesichert werden kann.[94]

Im Allgemeinen handelt es sich bei dem § 613 a BGB um einen Schutz der Arbeitnehmer. Allerdings muss hier ein genauer Tatbestand für einen Betriebsübergang bestehen. Wenn z.B. ein Unternehmen seine Recruiting- Tätigkeit fremd vergibt und diese Aufgabe von einem externen Dienstleister

---
[91] Vgl. Wullenkord et. al. (2005), S.167f.
[92] Der Gesetzestext zu § 613 a BGB befindet sich im Anhang I.
[93] Der § 613 a BGB kommt auch zur Anwendung wenn kein Betriebsrat existiert.
[94] Vgl. Wullenkord et. al. (2005), S.133f.

durchführen lässt, gilt der § 613 a BGB nicht, wenn der BPO- Dienstleister diese Aufgaben innerhalb seines eigenen Betriebes mit seinen eigenen Mitarbeitern erledigt. D.h. der Dienstleister führt keine gleichartige Tätigkeit weiter, sondern führt nur die gleiche Funktion auf seine Art und Weise durch und übernimmt keine Mitarbeiter von dem beauftragenden Unternehmen. Da der § 613 a BGB hier nicht greift, kann das Unternehmen die nicht mehr benötigten Mitarbeiter betriebsbedingt kündigen. Anders wäre es, wenn ganze Betriebe oder separate Abteilungen bzw. Betriebseinheiten an einen externen Dienstleister übergeben werden. Hierbei ist der Tatbestand des § 613 a BGB erfüllt, weil die bisher im eigenen Namen erbrachten Geschäfte unter Ausübung der betrieblichen Leistungsmacht übergeben werden. Durch diesen Übergang wird der externe Dienstleister automatisch zum Arbeitgeber[95] der Mitarbeiter dieses Betriebes oder der Betriebseinheiten.[96]

Ein weiterer Aspekt, der bei einem BPO- Vorhaben beachtet werden muss, ist das Beteiligungsrecht des Betriebsrates bei einer Betriebsänderung. Laut dem § 111 BetrVG[97] liegt eine Betriebsänderung vor, wenn:

1. Einschränkung und Stilllegung des ganzen Betriebs oder von wesentlichen Betriebsteilen,

2. Verlegung des ganzen Betriebes oder von wesentlichen Betriebsteilen,

3. Zusammenschluss mit anderen Betrieben oder die Spaltung von Betrieben,

4. grundlegende Änderungen der Betriebsorganisation, des Betriebszwecks oder der Betriebsanlagen,

5. Einführung grundlegend neuer Arbeitsmethoden und Fertigungsverfahren.

---

[95] In dieser Untersuchungt wird nicht weiter auf die Folgen des Betriebsüberganges eingegangen. Die betroffenen Unternehmen müssen weiterhin individuell die Tarifverträge, die Haftungsregeln, den Kündigungsschutz, die Unterrichtungspflicht und das Widerspruchsrecht der Arbeitnehmer beachten.
[96] Vgl. Wullenkord et. al. (2005), S.134.
[97] Der Gesetzestext zu § 111 BetrVG befindet sich im Anhang II.

Trifft dieser Tatbestand der Betriebsänderung bei einem BPO zu, muss der Betriebsrat unterrichtet werden und hat ein Mitbestimmungsrecht. Meist ist es erforderlich mit dem Betriebsrat einen Sozialplan zu erstellen, welcher zum Ausgleich und zur Minderung der wirtschaftlichen Nachteile, die die Betriebsänderung nach sich zieht, gedacht ist. Bei einer Mitarbeiterzahl, die nicht 100 Mitarbeiter überschreitet, reicht es aus, wenn der Betriebsrat vor der endgültigen Entscheidung unterrichtet wird. Bei Unternehmen mit mehr als 100 Mitarbeitern besteht laut §106 BetrVG[98] absolute Unterrichtungspflicht des Betriebsrates sowie des Wirtschaftausschusses, der dann einzurichten ist. Weiterhin sind die Vorschriften des § 90 BetrVG[99] und des § 92 BetrVG[100] zu beachten, welche die Beteiligungsrechte des Betriebsrates an der Planung von Arbeitsverfahren und -abläufen sowie die Personalbedarfsplanung regeln.[101]

Der Interessensausgleich sowie der Sozialplan sind zusätzliche Kosten, die bei der Berechnung eines BPO- Vorhabens nicht vergessen werden dürfen. Ebenfalls ist die Beachtung dieses Aspektes auch hinsichtlich des Zeitfaktors zu beachten. Denn wenn das Unternehmen, welches ein BPO eingehen möchte unter Zeitdruck steht, kann der Betriebsrat diesen Punkt nutzen um es für seine Vorteile zu nutzen. Deshalb ist es wichtig den Betriebsrat frühzeitig von dem Vorhaben in Kenntnis zu setzen.

---

[98] Der Gesetzestext zu § 106 BetrVG befindet sich im Anhang III.
[99] Der Gesetzestext zu § 90 BetrVG befindet sich im Anhang IV.
[100] Der Gesetzestext zu § 92 BetrVG befindet sich im Anhang V.
[101] Vgl. Wullenkord et. al. (2005), S.136f.

4 Durchführung eines BPO- Projektes: Recruiting

Damit, die im Kapitel 3.5, erwähnten Risiken nicht entstehen, sind bestimmte Vorgehensweisen notwendig, um ein erfolgreiches BPO- Projekt durchzuführen. Der Ablauf eines BPO- Projektes wird in der nächsten Abbildung allgemein dargestellt.

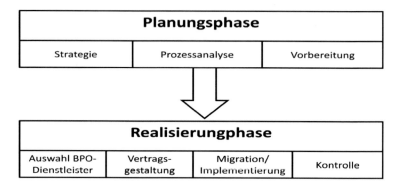

Abbildung 10: Durchführung eines BPO- Projektes allgemein[102]

In dieser Studie wird der Ablauf eines BPO- Projektes anhand eines Beispiels näher erläutert. Es wird sich für einen Recruiting- Prozess entschieden, da dieser Bereich des Personalwesens von den Unternehmen weniger zur Auslagerung genutzt wird. Dieses Beispiel soll zeigen, ob sich dieser Prozess für ein BPO eignet oder nicht. Es wird ein fiktives Unternehmen erstellt, welches auf das BPO- Recruiting untersucht wird.

Als erstes wird der Begriff des Recruiting erläutert. Der Personalbeschaffungsprozess beinhaltet die Suche nach erforderlichen Mitarbeitern zu minimalen Kosten, dabei muss das Eignungspotential des Bewerbers mit dem gesuchten Potential übereinstimmen. Der Prozess beinhaltet alle Maßnahmen von der Gewinnung bis zur Einstellung des geeigneten Bewerbers. Das heutige Personalrecruiting zeichnet sich dadurch aus, dass ein Unternehmen zu einem bestimmten Zeitpunkten eine Vielzahl von Bewerbungsunterlagen

---

[102] Eigene Darstellung in Anlehnung an Wullenkord et. al. (2005), S.93ff.

sichten, beurteilen, bearbeiten muss sowie Zu- bzw. Absagen erteilt werden müssen. Diese Arbeit verursacht einen enormen Personalaufwand und hohe Kosten für überwiegend administrative Prozesse, z.B. Dokumentation von Bewerbungseingängen, Verwaltung der Bewerberdateien, Vorsortierung und Vorauswahl von Bewerbern. Durch die Zunahme von E-Mail- und Initiativbewerbungen kommt noch eine hohe Anforderung an die Schnelligkeit hinzu. Für das Image eines Unternehmens ist die schnelle Bearbeitung (weniger als zwei Tage) der Bewerbungen von hoher Bedeutung. Durch die Kombination von verschiedensten Arbeitsanforderungen und zeitlichen sowie personellen Mängeln, bietet sich die Auslagerung von Aufgaben oder ganze Teilbereiche des Recruiting förmlich an. Im Laufe des Fachkräftemangels und der demographischen Entwicklung fällt es Unternehmen immer schwerer geeignete Mitarbeiter zu finden. Der BPO- Dienstleister kennt den Markt und die Aufgaben bzw. die Prozesse sind seine Kerntätigkeiten. An dieser Stelle sei erwähnt, dass ein Unternehmen die letzte Stufe der Bewerberauswahl immer selbst übernehmen sollte, da nur das Unternehmen das geeignete Knowhow und das exakte Anforderungsprofil kennt. Unter der Kosten- und Leitungsperspektive ist das BPO- Recruiting einleuchtend, allerdings ist dieser Bereich auf andere Bereiche des Unternehmens sehr einflussreich und muss mit besonderer Vorsicht behandelt werden. Denn eine nicht geeignete Fachkraft kann Auswirkungen auf den Erfolg des Unternehmens haben. Das BPO- Recruiting ist in der Regel erst ab 1.000 Mitarbeitern sinnvoll. Kleinere Unternehmen sollten auf einen Personalberater zurückgreifen.[103]

In dieser Studie wird das fiktive Unternehmen „JA- Automotive" erstellt. Das Unternehmen hat 1.500 Mitarbeiter und ist ein Lieferant für die Automobilindustrie. Das Kerngeschäft ist die Produktion von qualitativ hochwertigen und individuell gefertigten Automobilteilen. Die Fluktuationsrate beträgt 15 Prozent. Das Unternehmen ist regelmäßig auf der Suche nach Fachkräften. Ein großes Problem ist die Logistikabteilung, hier wird ein Leiter der Logistikabteilung gesucht. Das Unternehmen hat nur eine Mitarbeiterin, die sich um die Personalbeschaffung kümmert. Die Sichtung und Bearbeitung der Bewer-

---

[103] Vgl. Wullenkord et. al. (2005), S.67f.

bungsunterlagen sind in Spitzenzeiten von der einen Mitarbeiterin kaum zu schaffen. Das Unternehmen hat sehr hohe Anforderungen an den Leiter der Logistik, da dieser Bereich erhöhte Probleme aufweist, die sich bereits auf den Unternehmenserfolg auswirken. Nun überlegt die „JA- Automotive", ob der Recruiting- Prozess als HR- BPO ausgelagert werden soll oder ob mehr Mitarbeiter für die interne Personalbeschaffung eingestellt werden sollen.

4.1 Planungsphase

Die Planungsphase untersucht die Strategie, die Prozesse und bereitet die Durchführung des BPO- Projektes vor.

Als erstes muss die Ausgangssituation untersucht werden. Hierbei muss das Unternehmen seine Strategie festlegen, d.h. was das Ziel ist und welche Gründe das Unternehmen hat ein BPO durchzuführen.[104]

Anhand des Beispiels der „JA Automotive" wird als erstes die SWOT- Analyse durchgeführt.[105]

Stärken	Schwächen
➤ schnelle Anpassungsfähigkeit an den Markt ➤ hohe Kundenzufriedenheit ➤ individuell gefertigte Teile mit hoher Qualität ➤ gute Termineinhaltung ➤ sehr gute Infrastruktur	➤ langandauernde Abwicklung der Bewerbungen in Spitzenzeiten ➤ komplexes Unternehmen ➤ hohe administrative Kosten ➤ Terminverzögerung durch Logistikabteilung (nicht optimal besetzt durch mangelnde Marktkenntnisse) ➤ hohe Fluktuationsrate
Chancen	Risiken
➤ qualitativ hochwertiger Bewerberpool durch Know- how des BPO- Dienstleisters ➤ Kostenminimierung ➤ verbesserte Konzentration auf das Kerngeschäft ➤ einheitliche und überschaubare Preise durch Verträge ➤ bessere Ressourcenauslastung ➤ durch schnelle Abwicklung Verbesserung des Images	➤ automatisieren und standarisieren kann zu einer verschlechterten Qualität führen ➤ Kostensteigerung durch schlechte Umsetzung ➤ falsche Partnerwahl (TK steigen) ➤ Transparenzverlust ➤ Daten- und Kontrollverlust ➤ Know- how- Verlust

Abbildung 11: SWOT- Analyse der „JA- Automotive"

---

[104] Vgl. Wullenkord et. al. (2005), S.93.
[105] Die SWOT- Analyse wurde ein wenig abgewandelt. Die Stärken und Schwächen beziehen sich auf das Unternehmen „JA- Automotive" und die Chancen und Risiken zeigen die Folgen eines HR- BPO´s.

Anhand der SWOT- Analyse zeigt sich, dass das Unternehmen gut für die Branche aufgestellt ist, z.B. sind sie flexibel, ihre Kunden sind zufrieden, sie bieten eine hohe Qualität an und sie besitzen eine sehr gute Infrastruktur. Allerdings gibt es auch Probleme. Die Mitarbeiterin der Personalbeschaffung hat Probleme mit der Abwicklung des Recruitingprozesses in Spitzenzeiten sowie mit der richtigen Besetzung des Logistikleiters. Noch kann das Unternehmen die Termine rechtzeitig einhalten, doch leider wirkt sich dieses Problem der fehlenden Fachkräfte in der Logistikabteilung mittlerweile auf die Termintreue aus. Weiterhin gibt es im Unternehmen eine hohe Fluktuation, welche in dieser Studie aber nicht weiter untersucht wird, da der Fokus auf der richtigen Besetzung der Logistikabteilung liegt.

Die Chancen, die sich durch die Auslagerung ergeben, sind enorm. Es kann durch den HR- BPO- Dienstleister und seinem branchenspezifischen Know-how ein exzellenter Bewerberpool zusammengestellt werden. Das Unternehmen kann die Kosten reduzieren und sich auf sein Kerngeschäft konzentrieren. Außerdem weiß das Unternehmen durch die geschlossenen Verträge, welche Kosten auf sie zukommen. Der HR- BPO- Dienstleister kann die bestehenden Ressourcen besser nutzen, da diese Tätigkeit sein Kerngeschäft darstellt. Die Mitarbeiterin für die Personalbeschaffung kann sich um strategisch wichtigere Bereiche kümmern. Durch die schnellere Abwicklung des Recruitingprozesses, z.B. Sichten der Bewerbungen, Absagen erteilen oder Interviews führen, wirkt sich das positiv auf das Image des Unternehmens aus.

Allerdings birgt das HR- BPO auch Risiken. Die Standardisierung und Automatisierung können zu einer verschlechterten Qualität des Bewerberpools führen, wenn der HR- BPO- Dienstleister nicht speziell auf das Unternehmen eingeht. Es kann zu einer Kostenexplosion kommen, wenn die BPO Umsetzung nicht detailliert erfolgt. Ein weiteres Risiko ist die Partnerwahl. Wenn das Unternehmen sich für einen ungeeigneten Partner entschieden hat und einen neuen Partner suchen muss, steigen die Transaktionskosten. Weiterhin kann das HR- BPO- Projekt einen Verlust der Transparenz, der Daten, der Kontrolle oder des Know- how nach sich ziehen.

Das Ziel der „JA- Automotive" ist dementsprechend eine schnellere, individuellere, effizientere, kostengünstigere und transparentere Abwicklung des Recruitingverfahrens.
Nachdem die Strategie des BPO- Kunden, in dem Beispiel die „JA- Automotive", festgelegt wurde, müssen als nächstes die betroffenen Prozesse untersucht werden. Hierbei ist es wichtig, dass sie nicht zum Kerngeschäft gehören.[106]

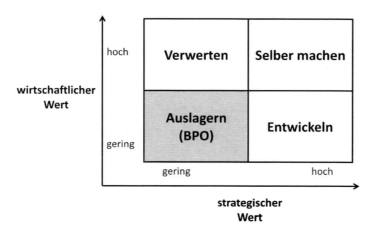

Abbildung 12: Entscheidungsmatrix für oder gegen ein BPO[107]

Anhand der Kriterien, wirtschaftlicher und strategischer Wert, zeigt die Abbildung, ob bestimmte Prozesse an externe Dienstleister ausgelagert werden sollen oder nicht. Die Prozesse, die einen hohen wirtschaftlichen, aber nur einen geringen strategischen Wert besitzen, sollten vom Unternehmen verwertet werden, d.h. hier sollte eine individuelle Prüfung für oder gegen ein BPO genauer untersucht werden. Das gleiche gilt für die Prozesse, die einen geringen wirtschaftlichen, aber einen hohen strategischen Wert für das Unternehmen haben. Das Unternehmen sollte sich für ein BPO entscheiden, wenn die Prozesse einen geringen wirtschaftlichen und einen geringen strategischen Wert besitzen, d.h. der Prozess ist kein Kerngeschäft des Unternehmens. Gegen ein BPO sollte sich das Unternehmen entscheiden, wenn

---
[106] Vgl. Köhler- Frost (2005), S.179.
[107] Eigene Darstellung in Anlehnung an Köhler- Frost (2005), S.179.

der Wert wirtschaftlich sowie strategisch von hoher Bedeutung ist, da es sich bei dem Prozess um eine Kerntätigkeit handelt.

Im Beispiel der „JA- Automotive" handelt es sich um den Recruitingprozess. Für das Unternehmen stellt dieser Prozess einen geringen wirtschaftlichen und einen geringen strategischen Wert dar und ist somit für ein HR- BPO geeignet. In der nächsten Abbildung wird gezeigt, wie die „JA- Automotive" ihren Recruitingprozess momentan bewältigen.

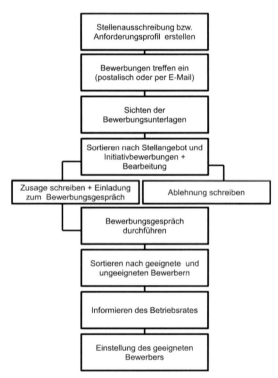

Abbildung 13: Prozessablauf des Recruiting der „JA- Automotive" vor einem HR- BPO[108]

Die Mitarbeiterin für die Personalbeschaffung muss als erstes das Anforderungsprofil erstellen, um die Stellenausschreibung formulieren zu können. Das Unternehmen „JA- Automotive" konzentriert sich auf den externen Markt,

---

[108] Dieser Ablauf ist selbst erstellt und soll den Grundgedanken des Recruitingprozesses darstellen. Diese Abbildung stellt keinen allgemeingültigen Prozess dar und ist somit nicht für jedes Unternehmen vollständig.

da das Unternehmen intern keine geeigneten Mitarbeiter entwickelt hat.[109] Der Betriebsrat stimmt diesem zu, da er das Recht hätte, dass interne Mitarbeiter vorgezogen werden können. Nachdem die Mitarbeiterin das Stellenangebot extern publiziert hat, z.B. auf der Homepage, auf diversen Internetjobbörsen, im Radio oder als Zeitungsannonce, treffen die Bewerbungen ein. Die Personalsachbearbeiterin sichtet die Unterlagen auf Vollständigkeit und muss zwischen E-Mail Bewerbungen, postalischen Bewerbungen und Initiativbewerbungen unterscheiden und sortieren. Als nächstes muss sie Absagen an die ungeeigneten Bewerber schreiben und abschicken. Die geeigneten Bewerber bekommen eine Zusage mit dem Termin für ein Vorstellungsgespräch. Als nächstes folgen die Durchführung der Bewerbungsgespräche und dem dazugehörigem Aussortieren der unpassenden Bewerber. Sobald eine Auswahl getroffen wurde, muss der Betriebsrat informiert werden und seine Zustimmung zur Einstellung geben. Nachdem dies durchgeführt wurde, kann der ausgewählte Bewerber eingestellt werden.[110]

In der nachfolgenden Abbildung sind die Kosten für einen Recruiting- Prozess der „JA- Automotive" aufgelistet.

---

[109] In diesem Zusammenhang sei erwähnt, dass die Möglichkeit der Zeitarbeit in dieser Studie auch nicht untersucht wird.
[110] Die nachfolgenden Modalitäten der Einstellung werden in dieser Untersuchung nicht weiter betrachtet, da es hier um den reinen Personalbeschaffungsprozess geht.

Tätigkeit	Zeit in Std.	Kosten
Stellenbeschreibung erstellen	1,00	29,33 €[111]
Stellenangebot extern publizieren	4,00	117,31 €
Sortieren der Bewerbungen	41,67	1.221,96 €
Bewerbungen sichten	41,67	1.221,96 €
Absage erstellen	16,67	488,78 €
Zusage erstellen	4,20	123,17 €
Bewerbungsgespräch durchführen	37,50	1.099,76 €
Sortieren nach geeigneten und ungeeigneten Bewerbern nach dem Bewerbungsgespräch	10,00	2.463,46 €
Betriebsrat informieren	1,00	29,33 €
Einstellung des Bewerbers	1,00	29,33 €
weitere Kosten		
Kosten für Stellenanzeigen	-	11.065,00 €
Kosten der Räumlichkeiten + Computer	-	248,70 €
Gesamt für eigenen Recruiting- Prozess (JA- Automotive)	**159**	**18.138,08 €**

Abbildung 14: Kosten des Recruiting- Prozesses der „JA- Automotive"[112]

Die Mitarbeiterin für den Recruitingprozess hat ein Jahresgehalt von 50.000 Euro (brutto).Daraus kann nun der Stundenlohn für die Mitarbeiterin berechnet werden. Da in dieser Studie die Gesamtkosten für das Unternehmen interessant sind, muss der Arbeitgeberanteil beachtet werden. Dieser Anteil wird auf 22 Prozent festgelegt. Die Mitarbeiterin verdient dementsprechend 29,33Euro pro Stunde.

Als erstes werden die Arbeitsstunden der Mitarbeiterin ausgerechnet und danach werden die weiteren Kosten betrachtet. Der Recruitingprozess beginnt mit der Erstellung der Stellenbeschreibung. Hierfür benötigt die Mitar-

---

[111] Die Berechnung des Stundenlohns für die Recruiting- Mitarbeiterin befindet sich im Anhang 6. Bei dieser Beispielrechnung werden keine freiwilligen Zahlungen beachtet.
[112] Überblick zur Kostenaufstellung mit einer kurzen Erläuterung befindet sich im Anhang 6.

beiterin eine Stunde, welche dem Unternehmen 29,33 Euro kostet. Als nächstes publiziert die Mitarbeiterin die Stellenanzeige auf Plattformen im Internet, in verschiedenen Zeitungen und im Radio. Hierfür benötigt sie ca. vier Stunden. Die Kosten belaufen sich dafür auf 117,31 Euro. Die Bewerbungen treffen im Unternehmen ein. Nun muss die Mitarbeiterin die Bewerbungen sortieren. Hierbei prüft sie die Bewerbungen auf Vollständigkeit und unterscheidet nach den Bewerbungen für die Stelle des Logistikers und verschiedenen Initiativbewerbungen. Es wird angenommen, dass 500 Bewerbungen im Unternehmen eintreffen. Die Mitarbeiterin benötigt fünf Minuten für eine Bewerbung, d.h. in einer Stunde schafft sie 12 Bewerbungen. Mit dieser Annahme braucht sie 41,67 Stunden für das Sortieren, welches dem Unternehmen 1.221,95 Euro kostet. Nachdem sie die 500 Bewerbungen sortiert hat, bleiben noch 250 Bewerbungen, welche auf die Stelle des Logistikers zutreffen. Diese 250 Bewerbungen werden nun durch die Mitarbeiterin gesichtet. Hierbei benötigt die Mitarbeiterin 10 Minuten pro Bewerbung. Für das Sichten der Bewerbungen werden 41,67 Stunden in Anspruch genommen. Diese Tätigkeit kostet das Unternehmen 1.221,96 Euro. Die Mitarbeiterin wählt 50 Bewerbungen für die Stelle aus. Als nächstes werden die Schreiben für die Absagen erstellt. Da sich die Mitarbeiterin für 50 Bewerber entschieden hat, müssen 200 Absagen[113] verfasst werden. Für die Erstellung der Absagen benötigt die Mitarbeiterin fünf Minuten pro Bewerbung, d.h. in einer Stunde werden 12 Absagen angefertigt. Insgesamt dauert der Prozess 16,67 Stunden und kostet 488,78 Euro. Für die 50 ausgewählten Bewerber werden Zusagen erstellt. Dies dauert 4,20 Stunden, wenn die Mitarbeiterin fünf Minuten für die Bearbeitung einer Zusage benötigt. Die Kosten belaufen sich auf 123,17 Euro. Als nächstes führt die Mitarbeiterin die Bewerbungsgespräche mit den 50 Bewerbern durch. Hierfür wird pro Bewerber eine dreiviertel Stunde in Anspruch genommen. In dieser Zeit sind auch die Vor- und Nachbereitung enthalten. Dieser Prozess dauert demnach 37,5 Stunden und kostet 1.099,76 Euro. Nachdem die Bewerbungsgespräche durchgeführt wurden, sortiert die Mitarbeiterin des Recruitingprozesses die Bewerber und entscheidet sich für 10 Kandidaten. Diese 10 Bewerber werden mit der Ge-

---

[113] Es sind 200 Absagen, da nur 250 Bewerbungen auf die Stelle des Logistikers zutreffen.

schäftsleitung besprochen und diskutiert, welcher der geeignete Bewerber für die Stelle des Logistikers ist. Hierbei wird eine Diskussionszeit von einer Stunde pro Bewerber angenommen.[114] Bei dieser Berechnung dürfen nicht nur die Kosten der Mitarbeiterin des Recruiting- Prozesses beachtet werden, sondern es müssen auch die Kosten der Geschäftsleitung einbezogen werden. Die Kosten für die 10 Stunden der Geschäftsleitung betragen 2.170,19 Euro[115] und für die Mitarbeiterin für den Recruitingprozess 293,27 Euro. Die Ausgaben für die Diskussion belaufen sich somit auf 2.463,46 Euro. Als nächstes wird der Betriebsrat über die getroffene Entscheidung informiert. Hierzu wird eine Stunde in Anspruch genommen, welche dem Unternehmen 29,33 Euro kostet. Zum Schluss wird der geeignete Bewerber eingestellt, welches ebenfalls eine Stunde dauert und 29,33 Euro kostet.

Zu diesen Kosten des Prozesses kommen weitere Kosten. Das sind zum einen die Ausgaben für die Stellenanzeigen.

Internetanzeigen	Preis
Monster	1.095,00 €[116]
Stepstone	1.395,00 €[117]
Gesamt	**2.490,00 €**

Zeitungsanzeigen	Preise
Die Zeit	1.295,00 €[118]
Frankfurter Allgemeine	3.080,00 €[119]
Gesamt	**4.375,00 €**

Radiowerbung	Preise
Soundart Mediagroup GbR	150€, 4-mal am Tag, für 7 Tage
Gesamt	**4.200,00 €[120]**

Gesamtkosten für Anzeigen	**11.065,00 €**

Abbildung 15: Kosten der Stellenanzeigen

---

[114] Die Diskussion wird mit einer Stunde angesetzt, da eine genaue Untersuchung der Bewerber stattfinden soll. Die vakante Stelle des Logistikleiters war so oft falsch besetzt, da nun der richtige Bewerber endlich gefunden werden soll.
[115] Die Berechnung des Stundenlohns für die Geschäftsleitung befindet sich im Anhang 6.
[116] Vgl. Moster.de (2012), veröffentlicht im Internet (30.05.2102).
[117] Vgl. Stepstone (2012), veröffentlicht im Internet (30.05.2012).
[118] Vgl. Die Zeit (2012), veröffentlicht im Internet, S. 6 (30.05.2012).
[119] Vgl. Frankfurter Allgemeine Zeitung (2012), veröffentlicht im Internet, S.10. (30.05.2012).
[120] Vgl. Soundart Mediagroup (2012), veröffentlicht im Internet (30.05.2012).

Es wird angenommen, dass die „JA- Automotive" zwei Internetplattformen verwendet. Hier werden die Plattformen „Monster" und „Stepstone" genutzt. Die Gesamtkosten belaufen sich auf 2.490 Euro. Weiterhin werden Zeitungsannoncen geschaltet. Die „JA- Automotive" nutzt zwei überregionale Zeitungen. Die ausgewählten Zeitungen sind „Die Zeit" und die „Frankfurter Allgemeine". Die Gesamtkosten betragen 4.375 Euro. Die Radiowerbung wird mit 150 Euro pro Spot festgelegt. Diese Werbung läuft 30 Sekunden lang in beliebigen Radiosendern. Die „JA- Automotive" möchte, dass die Werbung 4-mal am Tag für eine Woche ausgestrahlt wird. Somit betragen die Kosten für Radiowerbung 4.200 Euro. Die Gesamtausgaben für die Stellenanzeigen betragen demnach 11.065 Euro.

Ebenfalls müssen die Kosten für die Räumlichkeiten und den Computer einbezogen werden. Die Mitarbeiterin arbeitet in einem 20 Quadratmeter Büro, wobei ein Quadratmeterpreis von 10 Euro angenommen wird. Die Räumlichkeiten kosten somit 200 Euro pro Monat. Die Abschreibung der Ausstattung setzt sich wie folgt zusammen.

Inventar	Anschaffungskosten	Abschreibung
PC	2.500,00 €	192,31 €
Büromöbel	5.000,00 €	384,62 €
Telefon	160,00 €	32,00 €
Gesamte Abschreibung pro Jahr	7.660,00 €	608,92 €

Abbildung 16: Abschreibung der Büromöbel pro Jahr[121]

Bei der Ausstattung werden der Computer, die Büromöbel und das Telefon betrachtet. Bei dem Computer wird davon ausgegangen, dass dieser 2.500

---

[121] Die Abschreibungswerte wurden der Abschreibungs- Tabelle entnommen. Ein Überblick befindet sich im Anhang 6.

Euro[122] in der Anschaffung gekostet hat. Da dieser Wert über 1.000 Euro liegt, wird der Computer über 13 Jahre abgeschrieben. Die Abschreibung beträgt 192,31 Euro. Die Büromöbel hatten einen Anschaffungswert von 5.000 Euro. Dieser Wert liegt ebenfalls über 1.000 Euro und wird deshalb auch über 13 Jahre abgeschrieben. Daraus ergibt sich ein Abschreibungswert von 384,62 Euro. Das Telefon hat 160 Euro gekostet und somit beträgt die Abschreibung 32 Euro. Der Abschreibungswert liegt über 150 Euro und dadurch wird das Telefon über fünf Jahre abgeschrieben. Die Gesamtabschreibung pro Jahr beläuft sich auf 608,92 Euro.

Als erstes muss die Abschreibung pro Monat berechnet werden. Dafür wird der Gesamtabschreibungswert durch 12 Monate geteilt. Es ergibt sich ein monatlicher Abschreibungswert von 50,74 Euro. Die Kosten der monatlichen Räumlichkeiten betrugen 200 Euro und somit ergeben sich die Gesamtkosten für die Räumlichkeiten und die Büromöbel von 250,74 Euro.

Die Gesamtstunden für den Recruitingprozess der Mitarbeiterin betragen 155 Stunden. Da ein Monat 160 Arbeitsstunden[123] hat, müssen die Kosten der Abschreibung und der Räumlichkeiten anteilig berechnet werden und betragen letztendlich 248,70 Euro.

Nachdem die Gesamtkosten von 18.138,08 € für den Recruitingprozess der „JA- Automotive" berechnet wurden, müssen jetzt die Kosten eines BPO-Dienstleisters ermittelt werden.

Für diese Berechnung wurde die Studie des Bundesverbandes Deutscher Unternehmensberater „Personalberatung in Deutschland 2011/2012" genutzt. Diese Marktstudie hat sich als Schwerpunkt die Suche und die Auswahl von Fach- und Führungskräften gesetzt. Dabei wurden 250 Personalberatungsunternehmen mit einem Umsatz von mehr als fünf Millionen Euro befragt. Diese Studie legt ein Honorar der Dienstleistung von 26 Prozent des Zieleinkommens des zu suchenden Kandidaten fest.[124]

Demnach sieht die Kostenberechnung wie folgt aus.

---

[122] In diesen Kosten sind der Computer sowie die dazugehörige Software enthalten z.B. Microsoft Office und SAP.
[123] In dieser Untersuchung wird die Arbeitszeit der Mitarbeiterin lt. Arbeitsvertrag mit 160 Stunden pro Monat angenommen.
[124] Vgl. BDU (2011), veröffentlicht im Internet , S.9 (04.06.2012).

Kosten BPO		13.000,00 €
Kosten der "JA- Automotive"		2.262,87 €
Gesamt		**15.262,87 €**

Abbildung 17: Kosten für den BPO- Dienstleisters

Der Leiter der Logistik soll ein anfängliches Jahresgehalt von 50.000 Euro erhalten. Unter der Annahme, dass der BPO- Dienstleister 26 Prozent vom Jahresgehalt als Honorar berechnet, ergibt das 13.000 Euro. Allerdings möchte die „JA- Automotive" einige Bereiche im Unternehmen erhalten. Die nächste Abbildung zeigt, welche Prozesse die Recruiting- Mitarbeiterin weiterhin erledigt.

Tätigkeiten	Zeit in Std.	Kosten
Stellenbeschreibung erstellen	1,00	29,33 €
Stellenangebot extern publizieren	-	-
Sortieren der Bewerbungen	-	-
Bewerbungen sichten	-	-
Absage erstellen	-	-
Zusage erstellen	-	-
Bewerbungsgespräch durchführen	-	-
Sortieren nach geeigneten und ungeeigneten Bewerbern nach dem Bewerbungsgespräch	10,00	2.170,19 €
Betriebsrat informieren	1,00	29,33 €
Einstellung des Bewerbers	1,00	29,33 €
weitere Kosten		
Kosten für Stellenanzeigen	-	-
Kosten der Räumlichkeiten + Computer	-	4,70 €
Gesamt für eigenen Recruiting- Prozess ("JA- Automotive")	**3**	**2.262,87 €**

Abbildung 18: Kosten der „JA-Automotive" trotz BPO- Dienstleister

Die Stellenbeschreibung muss die Mitarbeiterin trotz BPO- Dienstleisters erstellen, da es für eine erfolgreiche Suche wichtig ist, das ein genaues Anforderungsprofil erstellt wird. Dies nimmt eine Stunde in Anspruch und kostet das Unternehmen den Stundenlohn von 29,33 Euro. Das Stellenangebot publizieren, das Sortieren der Bewerbungen, das Sichten der Bewerbungen, die Absagen und Zusagen erstellen sowie die Bewerbungsgespräche führen, übernimmt der BPO- Dienstleister. Nachdem der BPO- Dienstleister die geeigneten Bewerber ausgesucht hat, muss die „JA- Automotive" diese Bewerber bewerten. Die Geschäftsleitung diskutiert die ausgewählten Bewerber, wobei wieder eine Stunde pro Bewerber angesetzt wird. Bei 10 ausgewählten Bewerbern dauert dieser Prozess 10 Stunden und kostet dem Unternehmen 2.170,19 Euro. Die Information über die Einstellung des geeigneten Bewerbers an den Betriebsrat übernimmt nach wie vor die Mitarbeiterin des ehemaligen Recruitingprozesses. Unter der Annahme, dass dies eine Stunde in Anspruch nimmt, kostet es dem Unternehmen 29,33 Euro. Auch die eigentliche Einstellung des Bewerbers führt die Mitarbeiterin durch. Diese Ausgaben belaufen sich ebenfalls auf 29,33 Euro, da dies eine Stunde dauert. Der „JA- Automotive" fallen keine Kosten für die Schaltung von Stellenanzeigen an, da das der BPO- Dienstleister übernimmt. Allerdings entstehen Kosten für die Räumlichkeiten und das Inventar. Hierbei gilt die Abbildung 16 „Abschreibungen der Büromöbel" weiterhin. Die Abschreibung beläuft sich auf 50,74 Euro pro Monat Die Räumlichkeiten kosten ferner 200 Euro pro Monat. Die Gesamtkosten pro Monat betragen somit 250,74 Euro. Diese Kosten müssen nun anteilig ermittelt werden. Da die Mitarbeiterin nur drei Stunden am Prozess beteiligt ist, ergibt dies einen Betrag von 4,70 Euro. Die Kosten der „JA- Automotive" belaufen sich somit auf 2.262,87 Euro. Diese Kosten müssen zu den 13.000 Euro hinzu gerechnet werden. Dementsprechend kostet der gesamte Prozess des Recruiting mit einem BPO- Dienstleisters 15.262,87 Euro.[125]

Da die Gesamtkosten für den internen Recruitingprozess der „JA- Automotive" und die des BPO- Dienstleisters berechnet wurden, können sie verglichen werden.

---

[125] Überblick der Berechnung der Kosten des BPO- Dienstleisters im Anhang 7.

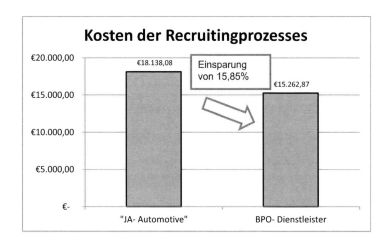

Abbildung 19: Kostenvergleich der „JA- Automotive" und dem BPO- Dienstleister

Zusammengefasst zeigt die Abbildung 19, dass die Gesamtkosten der „JA-Automotive" 18.138,08 Euro betragen und die des BPO- Dienstleisters 15.262,87 Euro. Dies entspricht einer Einsparung von 15,85 Prozent. Die „JA- Automotive" hat sich ein Einsparungsziel von 10 Prozent vorgenommen. Dieses Ziel kann mit dem BPO erreicht bzw. übertroffen werden. Demnach wird das Unternehmen die Möglichkeit des Business Process Outsourcing nutzen.

Nun folgt der letzte Schritt der Planungsphase: die Vorbereitung. In dieser Phase müssen nun die Prozesse festgelegt werden, die ausgelagert werden sollen, welche Vorstellungen das Unternehmen hat und wie die Aufteilung der Verantwortlichkeiten geregelt ist. Wullenkord nennt diesen Teil des Outsourcings „das Schneiden" der Prozesse.[126] Die nächste Abbildung zeigt anhand des Beispielunternehmens noch einmal im Überblick, welche Prozesse im Unternehmen bleiben und welche ausgelagert werden.

---

[126] Vgl. Wullenkord et. al., (2005), S.106ff.

Transferiert an den BPO- Dienstleister	Behalten im Unternehmen („JA-Automotive")
Stellenangebot extern publizieren	Stellenbeschreibung erstellen
Sortieren der Bewerbungen	
Bewerbungen sichten	
Absagen erstellen	
Zusagen erstellen	
Bewerbungsgespräch durchführen	
Sortieren nach geeigneten und ungeeigneten Bewerbern	Diskussion über den geeigneten Bewerber
	Betriebsrat informieren
	Einstellung des Bewerbers

Tabelle 1: Aufteilung der Prozesse zwischen „JA- Automotive" und BPO- Dienstleister

Die „JA- Automotive" beschäftigt sich nur noch mit den Prozessen der Stellenbeschreibung, der Diskussion über den geeigneten Bewerber, der Information des Betriebsrates und der Einstellung des Bewerbers. Diese Prozesse sind ausschlaggebend für den Erfolg der Personalbeschaffung und sollten nicht ausgelagert werden. Alle anderen Prozesse werden dem BPO- Dienstleister übergeben.

Die Planungsphase ist hiermit abgeschlossen und es folgt die Realisierungsphase im nächsten Abschnitt.

4.2 Realisierungsphase

Die Realisierungsphase besteht aus der Auswahl des BPO- Dienstleisters, der Vertragsgestaltung, der Migration bzw. Implementierung, der Kontrolle und der Kommunikation.

Die Auswahl des geeigneten BPO- Dienstleisters ist als einer der wichtigsten Aspekte anzusehen. Denn nur wenn die richtige Wahl getroffen wurde, kann das Konzept des BPO effizient umgesetzt werden. Als erstes erfolgt die Auswahl der in Frage kommenden BPO- Dienstleister. Dann werden anhand von Kriterien die Vertragspartner untersucht und aussortiert. Laut Wullenkord sind u.a. die folgenden Punkte für eine gute BPO- Partnerwahl ausschlaggebend:[127]

- Preis- und Dienstleistungsniveau
- Reputation
- Erfahrungsstand
- Spezialwissen
- Standort
- finanzielle Situation

Das **Preis- und Dienstleistungsniveau** zeigt dem Unternehmen, welche Fähigkeiten der BPO- Dienstleister besitzt. Es wird deutlich, über welches Angebot und welche Preise der BPO- Dienstleister verfügt. Die Preise sind für viele Unternehmen ausschlaggebend. Die Unternehmen tendieren dazu den günstigsten BPO- Partner zu wählen. Hierbei ist Vorsicht geboten, die Unternehmen sollten vielmehr die Angebotspalette der Dienstleistung genau prüfen sowie die Kriterien Qualität, Produktivität, Durchlaufzeiten und Verfügbarkeit einfließen lassen. Viele BPO- Dienstleister geben einen rabattierten Preis an um sich von den anderen Wettbewerbern abzuheben, um dann später ein höheres Honorar zu fordern.

Die **Reputation** des BPO- Dienstleisters zeigt, wie die vergangenen Projekte abgelaufen sind. Das Unternehmen sollte einen Fragekatalog[128] erstellen und Befragungen der Mandanten, mit dem der BPO- Dienstleister zusammengearbeitet hat, durchführen.

---

[127] Vgl. Wullenkord et. al. (2005), S.121ff.
[128] Beispiel eines Referenzfragekatalogs befindet sich im Anhang 8.

Der **Erfahrungsstand** des BPO- Dienstleisters ist ein weiterer wichtiger Punkt, welcher beachtet werden muss. Hierbei sollte das Unternehmen die Lebensläufe der verantwortlichen BPO- Mitarbeiter anfordern und auf den Kenntnisstand, die Erfahrungen über den jeweiligen Industriezweig und die Qualität der Mitarbeitergruppe überprüfen.

Viele BPO- Dienstleister haben sich ein bestimmtes **Spezialwissen** angeeignet. Es sollte untersucht werden, wie stark in die Fähigkeiten und Kenntnisse der Mitarbeiter investiert wurde z.B. durch Schulungen und Patente. Das Unternehmen muss prüfen, ob die Orientierung des BPO- Dienstleisters und die eigenen Anforderungen zueinander passen.

Der **Standort** des BPO- Dienstleisters ist besonders wichtig, wenn das ausgliedernde Unternehmen kurzfristige Sofortdienstleistungen erhalten möchte, die physische Transporte erfordern z.B. Rechnungen zum Verbuchen. Je weiter weg also der BPO- Dienstleister vom ausgliedernden Unternehmen ist, desto komplexer wird das BPO- Vorhaben.

Die **finanzielle Situation** des BPO- Dienstleisters muss vom Unternehmen detailliert überprüft werden. Die Umsetzung eines BPO- Projektes erfordert sehr viel Arbeit vom auszulagernden Unternehmen. Dabei wäre es für dieses Unternehmen ein großes Problem, wenn der BPO- Dienstleister mangels Finanzkraft oder sogar Insolvenz aus dem Vorhaben aussteigen müsste. Dieser Punkt ist sehr schwer einzuschätzen, da die BPO- Projekte meist über viele Jahre bestehen und über diese lange Zeit ist das Projekt bestimmten finanziellen Schwankungen ausgesetzt. Deshalb entscheiden sich viele Unternehmen meist für große BPO- Dienstleister, die die erforderlichen Ressourcen garantiert erbringen können. Allerdings kann ein großer BPO- Dienstleister meist keine individuelle Leistung anbieten. Hierbei muss das Unternehmen abwägen, welches Kriterium relevanter ist.[129]

Das Beispielunternehmen „JA- Automotive" entscheidet sich für einen BPO- Dienstleister, der sich auf das Recruiting Process Outsourcing (RPO) spezialisiert hat. Die Angebotspalette umfasst das Anforderungsprofil der „JA- Automotive" und befindet sich im mittleren Preissegment. Die eingeholten Re-

---

[129] Vgl. Wullenkord et. al. (2005), S.121ff.

putationen sind vielversprechend. Der BPO- Dienstleister hat sich durch Schulungen und ausgewählte Mitarbeiter, mit hervorragenden Qualifikationen in dem Bereich, am Markt sehr gut etabliert. Der BPO- Dienstleister befindet sich in der gleichen Stadt, wie die „JA- Automotive" und ist somit jederzeit erreichbar. Da der BPO- Dienstleister eher nischenorientiert ist und individuelle Leistungen anbieten möchte, handelt es sich um ein mittelständisches BPO- Unternehmen. Die finanzielle Situation ist zum Zeitpunkt der Partnerwahl sehr gut. Die „JA- Automotive" legt Wert auf die Qualität der erbrachten Leistung und nicht auf die Größe bzw. die Finanzkraft des BPO- Dienstleisters.

Nachdem der richtige BPO- Partner gefunden wurde, beginnt die Vertragsgestaltung. Durch die Komplexität eines BPO- Vorhabens ist es von Vorteil, individuell angepasste Standardvertragswerke zu nutzen.[130] Schönenberg unterteilt dieses BPO- Vertragswerk wie folgt:
- Rahmenvertrag
- Leistungsvertrag
- Vertrag über die Servicequalität (Service Level Agreement - SLA)
- Übernahmevertrag

Der **Rahmenvertrag** enthält alle Rechte und Pflichten der Vertragspartner. Insbesondere werden in diesem Vertrag die Punkte Arbeitnehmerüberlassung, Interessenkonflikte, Verjährung von Mängelansprüchen, Haftung, Laufzeit und Kündigung, sowie die Rückabwicklung behandelt. Das auszulagernde Unternehmen sollte hierbei beachten, dass sie den Vertrag selbst erstellen. Viele Unternehmen geben die Gestaltung des Vertrages an den BPO- Dienstleister ab, da man sehr viel Zeit investiert muss. Allerdings muss sich das Unternehmen bewusst sein, das der BPO- Dienstleister den Vertrag zu seinen Gunsten gestaltet und die Nachverhandlung sehr viel Zeit in Anspruch nimmt. Die bessere Variante ist es einen Juristen, der auf BPO- Verträge spezialisiert ist, zu verpflichten.

Der **Leistungsvertrag** beinhaltet die Beschreibung der zu übernehmenden Leistungen bzw. des Services. Zur Leistungsbeschreibung gehört u.a. die Leistungsdefinition, der Leistungsort, der Leistungszeitpunkt, die Leistungs-

---
[130] Vgl. Köhler-Frost (2005), S.186.

übergabe, die Leistungsqualität, die Preismodelle, die Abweichungen vom Rahmenvertrag und der Ansprechpartner.

Die Leistungen werden mit den geforderten Servicequalitäten (Service Levels) und den dazugehörigen Messgrößen (Service Measures) verknüpft. Diese Faktoren dienen zur Überprüfung der Leistungsqualität, welches durch das **Service Level Agreement** (SLA) erfolgt. Hierbei sind Zielwerte (z.B. Termingenauigkeit, Fehlerquote), SLA- Messverfahren, Reports und Bonusregelungen einzubeziehen. Das Ziel eines SLA´s ist es, die Kontrollmöglichkeiten für das auszulagernde Unternehmen transparenter zu machen.[131] Die SLA´s sind rechtsverbindliche Vereinbarungen zwischen dem BPO- Dienstleister und dem auszulagernden Unternehmen. Es wird schriftlich verfasst und ist für beide Unternehmen bindend. Sie regelt die Mindestanforderungen an Effizienz, Produktivität und Qualität der Leistungserbringung.[132]

Der **Übernahmevertrag** wird durch den Paragraphen 613 a BGB festgeschrieben. Die Übernahmeverträge können das Personal aber auch u.a. Hard- und Software betreffen.[133]

Diese Vertragsbestandteile werden nun anhand des Beispielunternehmens „JA- Automotive" durchgeführt.

Vertragsbestandteile	Vertragspartner „JA- Automotive" und BPO- Dienstleister
Rahmenvertrag	
Arbeitnehmerüberlassung	-
Interessenkonflikte	Einsatz eines neutralen Dritten zur Behebung des Konfliktes
Verjährung von Mängelansprüchen	lt. § 438 BGB Verjährung nach 2 Jahren
Haftung	nur bei vorsätzlicher oder grob fahrlässiger Verursachung

---

[131] Vgl. Schönenberg (2010), S.142ff.
[132] Vgl. Wullenkord et. al. (2005), S.145.
[133] Vgl. Schönenberg (2010), S.144.
Der Übernahmevertrag wird anhand des Beispielunternehmens „JA- Automotive" nicht weiter untersucht, da es dazu eine gesetzliche Regelung gibt.

Laufzeit und Kündigung	1 Jahr Laufzeit, Kündigungsfrist 3 Monate[134]
Rückabwicklung	Vereinbarung, die den Dienstleister verpflichtet, Personal, Hardware, Software zurückzuführen oder zu übertragen und dem Kunden angemessene Unterstützungsleistungen im Rahmen seines Insourcing-Projektes zu gewähren[135]

Tabelle 2: Überblick des Rahmenvertrages der „JA- Automotive" und des BPO- Dienstleisters[136]

Der Rahmenvertrag enthält keine Arbeitnehmerüberlassung, da kein Betriebsübergang gegeben ist. Die Recruiting- Mitarbeiterin bleibt im Unternehmen und bekommt strategische Aufgaben zugeteilt. Bei Interessenskonflikten wird ein neutraler Dritter bestimmt, der anhand des Vertrages die Probleme lösen soll. Dies könnte z.B. ein Jurist sein, der sich auf diesen Bereich spezialisiert hat. Nach zwei Jahren verjähren die Mängelansprüche laut Paragraph 438 BGB, die die Vertragspartner gegenseitig stellen können. Die Vertragspartner haften bei vorsätzlicher oder grober Fahrlässigkeit. Die Laufzeit des BPO- Projektes beträgt ein Jahr. Die Kündigungsfrist für den BPO- Vertrag beträgt drei Monate. Die Vereinbarungen für die Rückabwicklung besagen, dass der BPO- Dienstleister sich verpflichtet, das Personal, die Hardware und die Software zurückzuführen oder zu übertragen und dem Kunden angemessene Unterstützungsleistungen im Rahmen seines Insourcing- Projektes zu gewähren.

---

[134] Vgl. DIS Deutscher Industrie Service AG (2012), veröffentlicht im Internet (06.06.2012).
[135] Vgl. Bitkom (2005), veröffentlicht im Internet (06.06.2012).
[136] Diese Darstellung soll nur einen Überblick geben und stellt nicht die Anforderungen an Vollständigkeit.

Vertragsbestandteile	Vertragspartner „JA- Automotive" und BPO- Dienstleister
Leistungsvertrag	
Leistungsdefinition	Durchführung der Personalbeschaffungsmaßnahmen für einen Leiter/-in der Logistik: • Stellenangebot extern publizieren • Sortieren der Bewerbungen • Bewerbungen sichten • Absagen erstellen • Zusagen erstellen • Bewerbungsgespräche durchführen • Sortieren nach geeigneten Bewerbern + Vorstellen bei der Geschäftsleitung
Leistungsort	Der gesuchte Leiter der Logistik muss der „JA- Automotive" zum festgelegten Zeitpunkt übergeben werden.
Leistungszeitpunkt	Der BPO- Dienstleister hat für die Erbringung der Leistung 3 Monate Zeit.
Leistungsübergabe	Nach der Diskussion über die geeigneten Bewerber, muss der Bewerber für die „JA- Automotive" zur Verfügung stehen.
Leistungsqualität	Der Bewerber muss den gewünschten Anforderungen der „JA- Automotive" entsprechen (laut der Stellenbeschreibung der „JA- Automotive").
Preismodelle	Es wird ein outputbasierendes Preismodell[137] genutzt. Der BPO- Dienstleister und die „JA- Automotive" einigen sich auf ein Festpreismodell. Der BPO- Dienstleister erhält 26 Prozent vom Jahresgehalt der zu besetzenden Stelle.
Abweichungen von Rahmenvertrag	Die Abweichungen sind mit den Verantwortlichen jederzeit verhandelbar.

Tabelle 3: Überblick des Leistungsvertrages der „JA- Automotive" und des BPO- Dienstleisters[138]

---

[137] Vgl. Bitkom (2005), veröffentlicht im Internet, S.32 (10.06.2012).
[138] Diese Darstellung soll nur einen Überblick geben und stellt nicht die Anforderungen an Vollständigkeit.

Der Leistungsvertrag beinhaltet die Leistungsdefinition. Hierbei sollte möglichst detailliert vorgegangen werden. Das Beispielunternehmen „JA- Automotive" gibt nur einen Überblick über die wichtigsten Kriterien. Der BPO- Dienstleister übernimmt die Beschaffung des Leiters der Logistik. Hierzu gehören die externe Publikation des Stellenangebots, das Sortieren der Bewerbungen, die Sichtung der Bewerbungen, das Ausarbeiten der Absagen, die Erstellung der Zusagen, das Führen der Bewerbungsgespräche, das Sortieren nach geeigneten Bewerbern und das Vorstellen der Bewerber bei der Geschäftsleitung. Der Leistungsort gibt an, wo der geeignete Bewerber am Ende des Projektes zu Verfügung stehen soll. In dem Beispiel soll der Bewerber der „JA- Automotive" übergeben werden. Der BPO- Dienstleister hat für die Suche des geeigneten Bewerbers drei Monate Zeit. Die Leistungsübergabe erfolgt nach Zeitablauf, folglich nach der Diskussion der geeigneten Bewerber zwischen dem BPO- Dienstleister und der „JA- Automotive". Die Leistungsqualität ist durch das Anforderungsprofil der „JA- Automotive" beschrieben. Der BPO- Dienstleister und die „JA- Automotive" einigen sich auf ein Festpreismodell, welches besagt, dass das Honorar des BPO- Dienstleisters 26 Prozent des Zielgehaltes beträgt. Alle Abweichungen des Rahmenvertrages sind mit dem Verantwortlichen der „JA- Automotive" verhandelbar.

Vertragsbestandteile	Vertragspartner „JA- Automotive" und BPO- Dienstleister
Service Level Agreement	
Leistungsdefinitionen	Der BPO- Dienstleister verpflichtet sich innerhalb von 3 Monaten der „JA- Automotive", den Anforderungen entsprechend, mind. 10 Bewerber der Geschäftsleistung vorzustellen. Der von der Geschäftsleitung ausgesuchte Bewerber muss zum genannten Zeitpunkt der „JA- Automotive" zur Verfügung stehen.
Servicezeiten	Der BPO- Dienstleister steht der „JA- Automotive" von montags bis freitags von 8.00 Uhr bis 18.00 Uhr zur Verfügung.

Reaktionszeiten	Bei Problemen muss der BPO- Dienstleister der „JA- Automotive" zur Verfügung stehen. Es wird ein Report geführt. Der BPO- Dienstleister hat eine Reaktionszeit von 12 Std. Zeit um das Problem aufzunehmen, anzugehen und zu lösen.
Service- Verfügbarkeit	Es wird eine Verfügbarkeit von 90%[139]festgelegt. Dies entspricht einer Ausfallzeit von 6 Tagen[140] über die Laufzeit.
Mängelansprüche	Bei Nichterfüllung eines bestimmten Service Levels gewährt der BPO- Dienstleister eine Gutschrift gemäß den vereinbarten Bedingungen[141].

Tabelle 4: Überblick des Service Level Agreement der „JA- Automotive" und des BPO- Dienstleisters[142]

Das Service Level Agreement beschreibt den Inhalt des Services des BPO- Dienstleisters. Die Leistung des BPO- Dienstleister legt die „JA- Automotive" fest. Das Unternehmen möchte innerhalb von drei Monaten mindestens zehn geeignete Bewerber für die Stelle des Leiters der Logistik präsentiert bekommen. Der von der Geschäftsleitung ausgewählte Bewerber muss zum Zeitpunkt der Besetzung der Stelle der „JA- Automotive" zur Verfügung stehen. Die Servicezeiten des BPO- Dienstleisters sind von montags bis freitags von 8.00 Uhr bis 18.00 Uhr. In dieser Zeit muss der BPO- Dienstleister für die „JA- Automotive" erreichbar sein. Wenn Probleme seitens der „JA- Automotive" auftreten, muss der BPO- Dienstleister binnen 12 Stunden das Problem lösen. Der BPO- Dienstleister muss für jedes Problem einen Report führen um die Transparenz für die „JA- Automotive" zu schaffen. Die Service- Verfügbarkeit wird auf 90 Prozent festgelegt. Dies bedeutet, dass dem BPO- Dienstleister eine Ausfallquote von zehn Prozent erlaubt ist. Dies heißt für die drei Monate, dass der BPO- Dienstleister 6 Tage nicht erreichbar sein muss.

---

[139] Normalerweise wird bei diesem Punkt eine Verfügbarkeit von 99,9% im IT- Bereich festgelegt. Da es sich aber um eine Personalbeschaffung handelt, sind 90% ausreichend. Vgl. IDG Business Media GmbH (2003), veröffentlicht im Internet (04.07.2012).
[140] Der BPO- Dienstleister steht an 5 Tagen die Woche für je 10 Stunden für 3 Monaten zur Verfügung. 90% davon sind 60 Stunden, welches sechs Tagen entspricht (8.00 Uhr- 18.00 Uhr).
[141] Vgl. Witt, (2009), veröffentlicht im Internet, S.8 (10.06.2012).
[142] Diese Darstellung soll nur einen Überblick geben und stellt keine Anforderungen an die Vollständigkeit.

Dies ist beim Recruitingprozess möglich, da der BPO- Dienstleister den Bewerber heraussuchen soll und nicht wie bei dem IT- BPO den Server jederzeit zur Verfügung stellen muss.

Nachdem der geeignete BPO- Dienstleister gefunden und der Vertrag geschlossen wurde, beginnt die Umsetzung des Projektes. Die Migration bzw. Implementierung ist die Phase der tatsächlichen Zusammenarbeit zwischen den beiden Vertragspartnern. Die Vorbereitungen wurden getroffen und nun müssen die vereinbarten Ziele realisiert werden. Bis zu diesem Zeitpunkt wurden bereits erhebliche Investitionen getätigt und beide Parteien möchten nun den Return on Investment sicherstellen. Durch die bisherigen Verhandlungen haben sich die beiden Vertragspartner kennengelernt und es erfolgt eine gemeinschaftliche Kooperation.[143] In dieser Phase muss ein Migrationskonzept[144] erstellt werden. Es werden grundlegende Aspekte festgelegt, z.B. wann die Geschäftsprozesse überführt werden und nach welchen Maßstäben die Implementierung erfolgen soll. Beim Letzteren kann man nach Regionen oder Prozessinhalten wählen. Für den HR- Bereich ist, nach Wullenkord, die „Process by Process"- Vorgehensweise empfehlenswert.[145]

Die „JA- Automotive" entscheidet sich, die auszulagernden Geschäftsprozesse vor dem Projektbeginn zu übertragen, damit der BPO- Dienstleister interne Standards bestimmen und somit gleich von Beginn die Prozesse optimieren kann. Die Maßstäbe der Implementierung werden nach dem Prozessinhalt bestimmt, da hier ein Prozess nach dem Anderen umgesetzt wird.[146]

Nachdem das Migrationskonzept erstellt wurde, findet die eigentliche Implementierung statt. Damit die „JA- Automotive" ihr BPO- Projekt umsetzen kann, müssen zuerst Projektteams gebildet werden. Diese bestehen aus den Mitarbeitern der „JA- Automotive" und aus Mitarbeitern des BPO- Dienstleisters. Es werden die Verantwortlichkeiten und die Aufgaben untereinander aufgeteilt. Dabei liegt der Fokus auf der Zusammenführung der Infrastruktur,

---

[143] Vgl. Köhler- Frost(2005), S.187.
[144] Das Migrationskonzept wird in dieser Studie nur kurz angerissen. Das Bundesverwaltungsamt hat einen Leitfaden zur Erstellung eines Migrationskonzeptes herausgebracht. Für Interessierte ist die Internetadresse folgende:
http://www.bit.bund.de/nn_2144120/BIT/DE/Shared/Publikationen/GSB__Publikationen/migrationskonzept,templateId=raw,property=publicationFile.pdf/migrationskonzept.pdf (Zugriff: 13.06.2012).
[145] Vgl. Wullenkord et. al. (2005), S.117f.
[146] Vgl. Wullenkord et. al. (2005), S.118.

der Standardisierung der Prozesse, der Anpassung von Schnittstellen, Schulungen, sowie die Durchführung eines Testdurchlaufes.[147] Der Testbetrieb erfolgt nach Beendigung der Schulungen aller betroffenen Mitarbeiter und nach erfolgreicher technischer Ausstattung des BPO- Dienstleisters. Hierbei wird die Leistung von beiden Seiten, also der „JA- Automotive" und des BPO- Dienstleisters, erbracht und verglichen. Der Zweck dieses Testbetriebes ist es, eventuell auftretende Fehler zu korrigieren.[148]

Weiterhin ist es in dieser Phase von besonderer Wichtigkeit, dass das Management die betroffenen Mitarbeiter von dem HR-BPO- Projekt überzeugt und Unruhen innerhalb der Belegschaft vermeidet.

Nachdem die Phase der Implementierung abgeschlossen ist, lösen sich die Projektteams der „JA- Automotive" und des BPO- Dienstleisters auf und die Prozesse werden dem BPO- Dienstleister übergeben.

Als nächstes folgt die Phase der Kontrolle für das auszulagernde Unternehmen. Hierbei wird die Einhaltung der vereinbarten Ziele überprüft. Grundsätzlich sollte das auszulagernde Unternehmen wahrnehmen, dass die Komplexität des ausgelagerten Prozesses abnimmt und die Transparenz gegeben ist. In dieser Phase sollte ein Soll- Ist- Vergleich durchgeführt werden. Hier sollte man minimale Abweichungen nicht zu stark bewerten, sondern eher als Chance zur verbesserten Zusammenarbeit bzw. zur Optimierung nutzen. Weiterhin ist es wichtig, dass das implementierte System stets an die Veränderungen des Marktes angepasst wird.[149] Das auszulagernde Unternehmen muss immer mit einem opportunistischen Verhalten rechnen. Mit Hilfe des Vertrages wurde dieses Verhalten zwar reduziert, aber es verbleibt immer ein Restrisiko.

Da die „JA-Automotive" das Ergebnis bewertet, kann erst nach drei Monaten ein tatsächliches Feedback über die Leistung gegeben werden. Zum Zeitpunkt der Vorstellung der Bewerber bei der Geschäftsleitung kann überprüft werden, ob die zehn Bewerber den Anforderungen entsprechen. Innerhalb der Suchzeit muss, wie im Vertrag festgelegt, der BPO- Dienstleister an-

---

[147] Vgl. Austrup (2007), S.55f.
[148] Vgl. Jedraßczyk (2007), S.101f.
[149] Vgl. Köhler- Frost (2005), S.187.

sprechbar sein. Dieses Kriterium wurde mit einem Indikator festgesetzt und kann kontrolliert werden.

Das Ergebnis der Leistung des BPO- Dienstleisters war hervorragend. Die Mitarbeiterin des ehemaligen Recruiting- Prozesses kann sich seit dem HR- BPO- Projekt auf strategische Fragestellungen des Personalwesens konzentrieren. Der Leiter der Logistik ist der perfekte Mitarbeiter für diese Stelle, sodass sich sogar die Wettbewerbsfähigkeit der „JA- Automotive", hinsichtlich der Termintreue, verbessert hat.

Weiterhin ist in dieser Phase die Kommunikation entscheidend. Das HR- BPO- Projekt bedeutet für das auszulagernde Unternehmen Veränderungen. Die meisten Mitarbeiter werden durch solche Prozesse verunsichert und haben Sorge ihren Arbeitsplatz zu verlieren. Deshalb ist es bei BPO- Projekten wichtig, die Belegschaft über die Veränderungen zu informieren. Sei es ihnen die Angst zu nehmen oder aber weil sich etwas im Tagesgeschäft ändert. Die betroffenen Mitarbeiter müssen wissen, an wen sie sich bei bestimmten Fragen wenden müssen und wer nach der Umstrukturierung für welche Bereiche verantwortlich ist. Besonders schwierig wird es bei BPO- Projekten mit einem Betriebsübergang. Die betroffenen Mitarbeiter müssen frühzeitig in Gesprächen über die bevorstehenden Änderungen aufgeklärt werden. Dies stärkt nicht nur die Vertrauensbasis der Mitarbeiter zum auszulagernden Unternehmen sondern motiviert die Mitarbeiter auch aktiv an der Veränderung teilzunehmen.

4.3 BPO- Projekte anhand von Beispielen

Eines der bekanntesten Beispiele ist Infineon. Die Infineon Technologie AG bietet Halbleiter- und Systemlösungen für Automobil-, Industrieelektronik und Multimarket für die Anwendung in der Kommunikation sowie Speicherprodukte an. Das Unternehmen hat sich für ein BPO des Recruitingprozesses entschieden. Infineon empfand, dass der Recruitingprozess sehr kostenintensiv war, da die Fixkosten der eigenen Mitarbeiter für den Recruitingprozess immer gleich sind, egal wie viel Stellen zu besetzen sind. Ihr Ziel bestand darin, dass die anfallenden Kosten dem realen Wert entsprechen sollten. Weiterhin bestand das Problem, dass der Recruitingprozess nicht standortübergreifend standardisierbar war. Dementsprechend entschied sich Infineon seine administrativen Aufgaben des Personalbeschaffungsprozesses auszulagern. Wichtig für Infineon war, dass die Bewerberauswahl individuell anwendbar ist. Access[150], der BPO- Dienstleister, hat ein Outsourcing-Modell erstellt, welches in der nächsten Abbildung dargestellt ist.[151]

Prozess-stufen	Beispielhafte Aufgaben und Tätigkeiten	TYP 1 access-Auswahltage	TYP 2 access-Interview	TYP 3 Infineon-Interview	TYP 4 Sonderfälle
Bewerbung	Vorselektion, Sofortabsage, Bewerbungs-Scanning, Eingangsbestätigung	access	access	access	access
Matching	Stellenausschreibung, Prüfung + Zuteilung der Kandidaten, Feedback des Fachbereich einholen, Kandidatenbenachrichtigung	access	access	access	Infineon
Auswahl	Terminkoordination für Interview oder Auswahltag, Telefoninterviews, Durchführung Interviews oder Auswahltag, Feedback nach Interview oder Auswahltag	access	access	Infineon	Infineon
Einstellung	Übernahme koordinierender und unterstützender Aufgaben bei Vertragserstellung, Betriebsarzt-Untersuchung, Arbeitsantritt, Einarbeitungsseminar etc.	access	access	access/Infineon	access/Infineon

Abbildung 20: BPO- Recruitingprozess bei Infineon[152]

Infineon hat die Möglichkeit sich bei jeder zu besetzenden Stelle zwischen vier Typen zu entscheiden. Der erste Typ bedeutet, dass sich access um alle

---

[150] Die access AG ist ein Subunternehmen der EDS GmbH und spezialisiert auf Recruiting.
[151] Vgl. Access (2011), veröffentlicht im Internet, S.1 (25.06.2012).
[152] Access (2011), veröffentlicht im Internet, S.2 (25.06.2012).

Prozesse des Recruiting kümmert. Bei diesem Typ werden Auswahltage veranstaltet. Der Typ zwei beinhaltet das Interview, wobei der komplette Prozess ebenfalls von access erledigt wird. Beim Typ drei übernimmt access die Bewerbungsphase und das Matching. Infineon trifft die Entscheidung der Auswahl. Die Einstellung wird bei diesem Typ von access und Infineon gemeinsam durchgeführt. Bei dem vierten Typ werden die Sonderfälle behandelt. Dabei übernimmt access die Bearbeitung der Bewerbungen und gemeinsam mit Infineon die Einstellung. Infineon kümmert sich um das Matching und die Auswahl.

Ein weiteres Beispiel ist Nike. Der weltweite Sportartikelhersteller ist mittlerweile nur noch eine Marketingfirma. Nike hat die Produktion, den Vertrieb und die Logistik in günstige Länder ausgelagert.[153]

Auch die Telefonia Germania hat ein HR- BPO- Projekt durchgeführt. Mit über 24 Millionen Kunden gehört sie zu den größten Telekommunikationsanbietern. Die Telefonia Germania gehört zu dem spanischen Telefonkommunikationskonzern Telefonia SA und ist in Deutschland mit den Marken O2 und Alice vertreten. Dieses Unternehmen hat die Lohn- und Gehaltsabrechnung an die TDS[154] ausgelagert. Die TDS bekam den kompletten Lohn- und Gehaltsabrechnungsprozess, den Betrieb sowie die Pflege und Wartung übertragen. Unterstützt wird diese HR- BPO von der SAP-HCM Personalsoftware. Das Ziel dieses Projektes lag darin, die Personalabteilung von den anfallenden operativen Aufgaben zu entlasten, um sich fortan auf strategische Aufgaben konzentrieren zu können. Somit können die Mitarbeiter der Personalabteilung u.a. mehr auf die Gewinnung von qualifizierten Mitarbeitern, Personalentwicklung und Personalbindung eingehen.[155]

---

[153] Vgl. Fockenbrock (2004), veröffentlicht im Internet (25.06.2012).
[154] Die TDS bietet ausgewogenen SAP-Beratungs- und Outsourcing-Services sowie Personaldienstleistungen und Personalsoftware an.
[155] Vgl. Fischer (2011), veröffentlicht im Internet, S.20f (25.06.2012).

5 Strategische Handlungsempfehlungen für Business Process in Human Resources

Dieses Kapitel stellt eine Checkliste für die erfolgreiche Umsetzung eines BPO- Projektes dar. Es erfolgt eine Auflistung von Kriterien, die besonders bei einem HR- BPO beachtet werden müssen.[156]

Mitarbeiter

- Inwieweit sind die Mitarbeiter vom HR- BPO betroffen? (Prüfung Betriebsübergang § 613 a BGB , betriebsbedingte Kündigung oder Weiterbeschäftigung)
- Welche Mitarbeiter sind betroffen? (Mitarbeitergespräche führen)
- Wie ist die Akzeptanz der Mitarbeiter bezüglich des HR- BPO- Projektes?
- Hat der Betriebsrat Beteiligungsrecht? (siehe § 111 BetrVG)
- Muss ein Wirtschaftausschuss gebildet werden? (bei mehr als 100 Mitarbeitern §106 BetrVG prüfen)

Prüfung der Eignung des Prozesses für ein BPO

- Liegt ein hohes Marktpotential für diese Prozesse vor? (ja- BPO)
- Welche Risiken müssen beachtet werden?
- Gehört der Prozess bzw. die Funktion zu den strategischen Kernkompetenzen?[157] (nein- HR- BPO)
- Ist der Prozess standardisierbar? (ja- HR- BPO)
- Kann der Prozess bzw. die Funktion intern kostengünstiger erbracht werden? (nein- HR- BPO)
- Kann der Prozess intern besser erbracht werden? (nein- HR- BPO)

---

[156] Diese Checkliste dient als Leitfaden zur Umsetzung. Jedes BPO kann anders ablaufen und muss grundsätzlich individuell betrachtet werden.
[157] Siehe Abbildung 12- Entscheidungsmatrix.

Strategie und Ziele festlegen
- Welches Ziel steht im Mittelpunkt (z.B. Kostenreduktion, Konzentration auf Kerngeschäft usw.)
- Sind die Ziele auch realistisch einzuschätzen?
- Welche Strategie soll verfolgt werden? (SWOT- Analyse)
- Wurde ein Worst- Case- Szenario erstellt? (auch Kosten beachten)

vorhandene Prozesse analysieren ggf. Optimierung
- Wurde ein Prozessablauf im eigenen Unternehmen erstellt?
- Wurden die Kosten für den auszulagernden Prozess berechnet? (Transaktionskosten und Abschreibungen beachten)
- Wurden Kosten für den HR- BPO- Dienstleister berechnet?
- Wurde ein Kostenunterschied festgestellt? (bei zu großer Abweichung muss eine interne Prozessoptimierung stattfinden)

Vorbereitung für das HR- BPO
- Wurden die endgültig auszulagernden Prozesse festgelegt?
- Wurden die Verantwortlichkeiten aufgeteilt?

Den richtigen BPO- Partner finden
- Prüfung hinsichtlich des HR- BPO- Dienstleisters:
    - Preis- und Dienstleistungsniveau
    - Reputation
    - Erfahrungsstand
    - Spezialwissen
    - Standort
    - finanzielle Situation
- Geht der HR- BPO- Dienstleister individuell auf das Unternehmen ein?
- Ist die Transparenz gegeben? (z.B. Reports)
- Hat der HR- BPO- Dienstleister alle benötigten Qualifikationen und die geforderte technische Ausstattung?

- Wie kann man sich vor Know- how- Verlust, Qualitätsverlust und Datenverlust schützen? (siehe Vertragsgestaltung)
- Wie werden Interessenkonflikte gelöst?
- Wie verläuft eine Rückabwicklung?
- Welche Kosten entstehen bei der Rückabwicklung?

Der Vertrag
- Wurde ein Rahmenvertrag erstellt?
- Gibt es einen Leistungsvertrag?
- Wurde ein Vertrag über die Servicequalität (Service Level Agreement - SLA) erstellt?
- Wurde ein Übernahmevertrag (§ 613 a BGB) beachtet?

Umsetzung des HR- BPO
- Wurde ein Migrationskonzept erstellt?
- Wurden Projektteams gebildet?
- Wurden die endgültigen Verantwortlichkeiten bestimmt (für auszulagerndes Unternehmen und HR- BPO- Dienstleister)
- Gibt es eine gemeinsame Infrastruktur?
- Sind die Prozesse standardisiert?
- Wurden die Schnittstellen angepasst?
- Wurden Schulungen für verbleibende Mitarbeiter durchgeführt?
- Wurde ein Testbetrieb durchgeführt?
- Wurden, nach einem erfolgreichen Testbetrieb, die Projektteams aufgelöst?
- Wurde die Prozesse an den HR- BPO- Dienstleister übergeben?

BPO kontrollieren
- Wurden die vereinbarten Ziele überprüft? (mit Hilfe der SLA´s)[158]

---

[158] Vgl. Autoren werden in den jeweiligen Kapiteln genannt. Dieses Kapitel gibt einen Überblick über die wichtigsten Kriterien.

6 Schlussbetrachtung

Das Ziel dieser Studie war es, festzustellen wann ein BPO sinnvoll ist und welche Prozesse sich am besten eignen. Diese Studie hat sich mit der Vorgehensweise eines HR-BPO- Projektes beschäftigt.

Alle Unternehmen sind immer mehr den Herausforderungen der Globalisierung, dem Innovations- und Konkurrenzdruck oder der Verkürzung des Produktlebenszyklus ausgesetzt. Sie müssen sich Möglichkeiten erschließen, welche ihre Marktposition verbessern bzw. erhalten. Meist stehen dabei die Kostenersparnisse im Vordergrund der Betrachtung. Wenn Unternehmen günstigere Preise als ihre Konkurrenten anbieten möchte, müssen die Prozesse effizient und kostengünstig gestaltet sein. Die Möglichkeit des Outsourcings wird bereits vielfach genutzt. Speziell das Business Process Outsourcing ist in Deutschland noch nicht so sehr verbreitet. Die IT, die Produktion oder aber auch der Vertrieb wurden von vielen Unternehmen schon an externe Dienstleister als BPO ausgelagert. Jedoch wurden die Kosten für die Verwaltung bisher vernachlässigt. Um als Unternehmen eine bessere Position am Markt als seine Konkurrenten einzunehmen, müssen auch die Verwaltungsprozesse betrachtet werden. Das BPO von Personalprozessen wird in der Zukunft vielen Unternehmen einen Vorsprung ermöglichen. Einige Prozesse sind leicht standardisierbar und dadurch perfekt geeignet ausgelagert zu werden. Das Potential für BPO von Personalprozessen ist enorm, doch leider haben viele deutsche Unternehmen großen Respekt vor eventuellem Kontroll-, Qualitäts-, Know-how- und Datenverlust. Diese Denkweise wird sich künftig ändern. Ein Grund dafür sind die veränderten Angebote der BPO- Dienstleister. Die BPO- Dienstleister haben das Zögern der Unternehmen analysiert und ihre Produkte darauf ausgerichtet. Fast jeder BPO- Dienstleister preist seine Individualität, Sicherheit und Verschwiegenheit an. Viele Unternehmen müssen künftig das Auslagern aller Prozesse, welche nicht zum Kerngeschäft gehören, in Betracht ziehen. Durch die Globalisierung wird es den Unternehmen immer schwerer fallen sich gegen Konkurrenten durchzusetzen, da sie ihre Produkte grundsätzlich günstiger anbieten können z.B. Konkurrenten aus dem asiatischen Raum. Das Fazit für die betroffenen Unternehmen, welches international wettbewerbsfähig bleiben möchte, muss ein BPO nutzen, um so die Kosten von beispielsweise 15 Prozent zu senken.

Das HR- BPO wird noch enorm an Bedeutung gewinnen. Die Unternehmen haben sich teilweise nur auf die Auslagerung von Lohn- und Gehaltsabrechnung beschränkt. Aber auch Themenfelder des Personalwesens, wie z.B. Bewerbermanagement und Reisekostenabrechnung, werden immer mehr in den Vordergrund treten.

Zusammenfassend kann festgestellt werden, dass die Chancen eines HR- BPO beachtlich sind. Die Unternehmen haben Möglichkeit ihre Kosten zu senken, sich strategisch besser auszurichten oder aber ihre Leistungen zu optimieren. Das Marktpotential erweist sich für viele Bereiche des Personalmanagement als beachtlich. Allerdings müssen auch bestimmte Risiken einkalkuliert werden. Es müssen gegebenenfalls Kostensteigerungen, strategische Risiken, Qualitätsverschlechterungen und arbeitsrechtliche Risiken beachtet werden. Um ein HR- BPO- Projekt erfolgreich umzusetzen, muss eine präzise und detaillierte Planung erfolgen und umgesetzt werden. Diese Studie befasst sich mit der Vorgehensweise eines HR- BPO- Projektes. An dieser Stelle muss festgestellt werden, dass jedes Unternehmen ein HR- BPO individuell gestalten muss. Diese Studie zeigt allgemeine Herangehensweisen, welche an jedes Unternehmen angepasst werden müssen. Das Unternehmen muss im Vorfeld prüfen ob der auszulagernde Prozess erfolgsrelevant ist oder nicht. Der Prozess für ein HR- BPO muss standardisierbar sein und darf nicht einen Kernprozess des Unternehmens darstellen. Weiterhin muss das Marktpotential für den jeweiligen Prozess analysiert werden. Danach erfolgt die Betrachtung der Vor- und Nachteile. Dieser Indikator ist für jedes Unternehmen bzw. Branche unterschiedlich und muss individuell untersucht werden. Als nächstes muss das Unternehmen eine Kostenanalyse seiner eigenen Prozesse und des HR- BPO- Dienstleisters aufstellen, um Kostenunterschiede und Einsparungspotentiale festzustellen. Hierbei kann sich herausstellen, dass zuerst eine Optimierung der internen Prozesse erfolgen muss, bevor es zu einem HR- BPO- Projekt kommt. Wenn sich ein Unternehmen für ein BPO entscheidet, muss ein geeigneter Partner gefunden werden. Dieser Parameter ist sehr relevant und muss sorgfältig behandelt werden. Die Vertragsgestaltung ist ebenfalls erfolgsrelevant, da bei falscher Ausgestaltung viele Probleme auf das Unternehmen zukommen können. Danach erfolgt die Implementierung. In dieser Phase zeigt sich, ob sich die Vorbereitungen zur Umsetzung eignen und zum Ziel führen. Natürlich muss jeder Schritt vor und nach der Implementierung überprüft und kontrolliert werden. Die Mitarbeiter sollten über jeden Schritt informiert werden, um Demotivation und interne Konflikte zu vermeiden. Der Betriebsrat und die betroffenen Mitarbeiter (hauptsächlich bei einem Betriebsübergang) sollten besonders behandelt werden.

Ein HR- BPO ist in jeder Hinsicht eine Überlegung wert. Jedes Unternehmen sollte für sich prüfen, ob die Möglichkeiten für ein HR- BPO gegeben sind und ein einwandfreies Management dem gegenüber steht. Erst dann ist der Erfolg für ein HR- BPO generierbar.

7 Anhang

Anhang 1- § 613a BetrVG Rechte und Pflichten bei Betriebsübergang

(1) Geht ein Betrieb oder Betriebsteil durch Rechtsgeschäft auf einen anderen Inhaber über, so tritt dieser in die Rechte und Pflichten aus den im Zeitpunkt des Übergangs bestehenden Arbeitsverhältnissen ein. Sind diese Rechte und Pflichten durch Rechtsnormen eines Tarifvertrags oder durch eine Betriebsvereinbarung geregelt, so werden sie Inhalt des Arbeitsverhältnisses zwischen dem neuen Inhaber und dem Arbeitnehmer und dürfen nicht vor Ablauf eines Jahres nach dem Zeitpunkt des Übergangs zum Nachteil des Arbeitnehmers geändert werden. Satz 2 gilt nicht, wenn die Rechte und Pflichten bei dem neuen Inhaber durch Rechtsnormen eines anderen Tarifvertrags oder durch eine andere Betriebsvereinbarung geregelt werden. Vor Ablauf der Frist nach Satz 2 können die Rechte und Pflichten geändert werden, wenn der Tarifvertrag oder die Betriebsvereinbarung nicht mehr gilt oder bei fehlender beiderseitiger Tarifgebundenheit im Geltungsbereich eines anderen Tarifvertrags dessen Anwendung zwischen dem neuen Inhaber und dem Arbeitnehmer vereinbart wird.
(2) Der bisherige Arbeitgeber haftet neben dem neuen Inhaber für Verpflichtungen nach Absatz 1, soweit sie vor dem Zeitpunkt des Übergangs entstanden sind und vor Ablauf von einem Jahr nach diesem Zeitpunkt fällig werden, als Gesamtschuldner. Werden solche Verpflichtungen nach dem Zeitpunkt des Übergangs fällig, so haftet der bisherige Arbeitgeber für sie jedoch nur in dem Umfang, der dem im Zeitpunkt des Übergangs abgelaufenen Teil ihres Bemessungszeitraums entspricht.
(3) Absatz 2 gilt nicht, wenn eine juristische Person oder eine Personenhandelsgesellschaft durch Umwandlung erlischt.
(4) Die Kündigung des Arbeitsverhältnisses eines Arbeitnehmers durch den bisherigen Arbeitgeber oder durch den neuen Inhaber wegen des Übergangs eines Betriebs oder eines Betriebsteils ist unwirksam. Das Recht zur Kündigung des Arbeitsverhältnisses aus anderen Gründen bleibt unberührt.
(5) Der bisherige Arbeitgeber oder der neue Inhaber hat die von einem Übergang betroffenen Arbeitnehmer vor dem Übergang in Textform zu unterrichten über:
1. den Zeitpunkt oder den geplanten Zeitpunkt des Übergangs,
2. den Grund für den Übergang,
3. die rechtlichen, wirtschaftlichen und sozialen Folgen des Übergangs für die Arbeitnehmer und
4. die hinsichtlich der Arbeitnehmer in Aussicht genommenen Maßnahmen.
(6) Der Arbeitnehmer kann dem Übergang des Arbeitsverhältnisses innerhalb eines Monats nach Zugang der Unterrichtung nach Absatz 5 schriftlich widersprechen. Der Widerspruch kann gegenüber dem bisherigen Arbeitgeber oder dem neuen Inhaber erklärt werden.[159]

---

[159] Bundesministerium der Justiz (2012), veröffentlich im Internet (03.05.2012).

Anhang 2 - § 111 BetrVG Betriebsänderungen

In Unternehmen mit in der Regel mehr als zwanzig wahlberechtigten Arbeitnehmern hat der Unternehmer den Betriebsrat über geplante Betriebsänderungen, die wesentliche Nachteile für die Belegschaft oder erhebliche Teile der Belegschaft zur Folge haben können, rechtzeitig und umfassend zu unterrichten und die geplanten Betriebsänderungen mit dem Betriebsrat zu beraten. Der Betriebsrat kann in Unternehmen mit mehr als 300 Arbeitnehmern zu seiner Unterstützung einen Berater hinzuziehen; § 80 Abs. 4 gilt entsprechend; im Übrigen bleibt § 80 Abs. 3 unberührt. Als Betriebsänderungen im Sinne des Satzes 1 gelten

1. Einschränkung und Stilllegung des ganzen Betriebs oder von wesentlichen Betriebsteilen,

2. Verlegung des ganzen Betriebs oder von wesentlichen Betriebsteilen,

3. Zusammenschluss mit anderen Betrieben oder die Spaltung von Betrieben,

4. grundlegende Änderungen der Betriebsorganisation, des Betriebszwecks oder der Betriebsanlagen,

5. Einführung grundlegend neuer Arbeitsmethoden und Fertigungsverfahren.[160]

---

[160] Bundesministerium der Justiz (2012), veröffentlich im Internet (03.05.2012).

Anhang 3 - § 106 BetrVG Wirtschaftsausschuss

(1) In allen Unternehmen mit in der Regel mehr als einhundert ständig beschäftigten Arbeitnehmern ist ein Wirtschaftsausschuss zu bilden. Der Wirtschaftsausschuss hat die Aufgabe, wirtschaftliche Angelegenheiten mit dem Unternehmer zu beraten und den Betriebsrat zu unterrichten.

(2) Der Unternehmer hat den Wirtschaftsausschuss rechtzeitig und umfassend über die wirtschaftlichen Angelegenheiten des Unternehmens unter Vorlage der erforderlichen Unterlagen zu unterrichten, soweit dadurch nicht die Betriebs- und Geschäftsgeheimnisse des Unternehmens gefährdet werden, sowie die sich daraus ergebenden Auswirkungen auf die Personalplanung darzustellen. Zu den erforderlichen Unterlagen gehört in den Fällen des Absatzes 3 Nr. 9a insbesondere die Angabe über den potentiellen Erwerber und dessen Absichten im Hinblick auf die künftige Geschäftstätigkeit des Unternehmens sowie die sich daraus ergebenden Auswirkungen auf die Arbeitnehmer; Gleiches gilt, wenn im Vorfeld der Übernahme des Unternehmens ein Bieterverfahren durchgeführt wird.

(3) Zu den wirtschaftlichen Angelegenheiten im Sinne dieser Vorschrift gehören insbesondere
1. die wirtschaftliche und finanzielle Lage des Unternehmens;
2. die Produktions- und Absatzlage;
3. das Produktions- und Investitionsprogramm;
4. Rationalisierungsvorhaben;
5. Fabrikations- und Arbeitsmethoden, insbesondere die Einführung neuer Arbeitsmethoden;
5a. Fragen des betrieblichen Umweltschutzes;
6. die Einschränkung oder Stilllegung von Betrieben oder von Betriebsteilen;
7. die Verlegung von Betrieben oder Betriebsteilen;
8. der Zusammenschluss oder die Spaltung von Unternehmen oder Betrieben;
9. die Änderung der Betriebsorganisation oder des Betriebszwecks;
9a. die Übernahme des Unternehmens, wenn hiermit der Erwerb der Kontrolle verbunden ist, sowie
10. sonstige Vorgänge und Vorhaben, welche die Interessen der Arbeitnehmer des Unternehmens wesentlich berühren können.[161]

---

[161] Bundesministerium der Justiz (2012), veröffentlich im Internet (03.05.2012).

Anhang 4 - § 90 BetrVG Unterrichtungs- und Beratungsrechte

Der Arbeitgeber hat den Betriebsrat über die Planung
1. von Neu-, Um- und Erweiterungsbauten von Fabrikations-, Verwaltungs- und sonstigen betrieblichen Räumen,
2. von technischen Anlagen,
3. von Arbeitsverfahren und Arbeitsabläufen oder
4. der Arbeitsplätze

rechtzeitig unter Vorlage der erforderlichen Unterlagen zu unterrichten.

(2) Der Arbeitgeber hat mit dem Betriebsrat die vorgesehenen Maßnahmen und ihre Auswirkungen auf die Arbeitnehmer, insbesondere auf die Art ihrer Arbeit sowie die sich daraus ergebenden Anforderungen an die Arbeitnehmer so rechtzeitig zu beraten, dass Vorschläge und Bedenken des Betriebsrats bei der Planung berücksichtigt werden können. Arbeitgeber und Betriebsrat sollen dabei auch die gesicherten arbeitswissenschaftlichen Erkenntnisse über die menschengerechte Gestaltung der Arbeit berücksichtigen.

Anhang 9 - § 92 BetrVG Personalplanung

(1) Der Arbeitgeber hat den Betriebsrat über die Personalplanung, insbesondere über den gegenwärtigen und künftigen Personalbedarf sowie über die sich daraus ergebenden personellen Maßnahmen und Maßnahmen der Berufsbildung anhand von Unterlagen rechtzeitig und umfassend zu unterrichten. Er hat mit dem Betriebsrat über Art und Umfang der erforderlichen Maßnahmen und über die Vermeidung von Härten zu beraten.

(2) Der Betriebsrat kann dem Arbeitgeber Vorschläge für die Einführung einer Personalplanung und ihre Durchführung machen.

(3) Die Absätze 1 und 2 gelten entsprechend für Maßnahmen im Sinne des § 80 Abs. 1 Nr. 2a und 2b, insbesondere für die Aufstellung und Durchführung von Maßnahmen zur Förderung der Gleichstellung von Frauen und Männern.

Anhang 6 - Berechnung Gesamtkosten des Recruitingprozesses für die „JA-Automotive"

Ziel: Einstellung Leiter der Logistik (Jahresgehalt brutto 50.000€[162])); Gehalt Mitarbeiterin für Personalbeschaffung: 50.000€ (brutto)		Mitarbeiterin für Personalbeschaffung Std.- Lohn (brutto)	29,33 €
Tätigkeit	Zeit in Std.	Kosten	Bemerkung
Stellenbeschreibung erstellen	1,00	29,33 €	Wenn die Mitarbeiterin 50.000€ verdient, kostet 1 Std. 29,33€.
Stellenangebot extern publizieren	4,00	117,31 €	
Sortieren der Bewerbungen	41,67	1.221,96 €	Die Mitarbeiterin prüft auf Vollständigkeit der Bewerbungsunterlagen und sortiert nach Stelle des Logistikleiters und Initiativbewerbungen. Es wird angenommen, dass 500 Bewerbungen eintreffen. Für das Sortieren benötigt die Mitarbeiterin 5 min. pro Bewerbung, d.h. in einer Std. schafft sie 12 Bewerbungen.
Bewerbungen sichten	41,67	1.221,96 €	Es wird angenommen, dass von den 500 Bewerbungen noch 250 Bewerbungen zutreffen. Pro Bewerbungen benötigt die Mitarbeiterin 10 min. D.h. sie schafft 6 Bewerbungen in 1 Std. 50 Bewerbungen werden ausgewählt.
Absage erstellen	16,67	488,78 €	Von den eingetroffenen 500 Bewerbungen passen 250 auf die Stelle des Leiters der Logistik. (50 Bewerber werden eingeladen und 200 Absagen müssen erstellt werden) Für die Erstellung einer Absage benötigt die Mitarbeiterin pro Bewerbung 5 min., d.h. die Mitarbeiterin schafft in 1 Std. 12 Bewerbungen.

[162] Vgl. Gehalts- Check (2012), veröffentlich im Internet (22.05.2012). Es wurde ein circa Durchschnittswert gewählt.

Zusage erstellen	4,20	123,17 €	Für 50 Bewerber werden Zusagen geschrieben und Termine für das Bewerbungsgespräch festgelegt. Hierfür braucht die Mitarbeiterin 5 min. pro Bewerber. Wenn die Mitarbeiterin 10 Zusagen in 50min. schafft, sind das für 50 Zusagen 4,2 Std.
Bewerbungsgespräch durchführen	37,50	1.099,76 €	Für ein Bewerbungsgespräch wird eine Zeit von einer 3/4 Std. angenommen (mit Vor- und Nachbereitung). Für 50 Bewerbungen sind das 37,5 Std.
Sortieren nach geeigneten und ungeeigneten Bewerbern nach dem Bewerbungsgespräch	10,00	2.463,46 €	Die Sortierung erfolgt in einem Gespräch mit der Geschäftsleitung. Hierbei stellt die Mitarbeiterin ihre vorausgesuchten Bewerber der Geschäftsleitung vor. Danach erfolgt eine Diskussion um den einen geeigneten Bewerber. Die Mitarbeiterin hat 10 Bewerber in die engere Auswahl gewählt. Für diese 10 Bewerber wird eine Diskussionszeit von 1 Std. pro Bewerber festgelegt. Hierbei muss auch der Stundenlohn der Geschäftsleitung beachtet werden. Es wird angenommen, dass der Geschäftsführer einen Stundenlohn von 217,02€ bekommt.
Betriebsrat informieren	1,00	29,33 €	
Einstellung des Bewerbers	1,00	29,33 €	
weitere Kosten			
Kosten für Stellenanzeigen	-	11.065,00 €	Die "JA- Automotive nutzt 2 Internetjobbörsen, welche insgesamt 2.490€ kosten. Die JA-Automotive nutzt 2 überregionale Zeitungen, welche insgesamt 4.375€ kosten. Die Radiowerbung kostet insgesamt 4.200€.
Kosten der Räumlichkeiten + Computer	-	248,70 €	Die Mitarbeiterin hat ein 20qm Büro bei einem qm- Preis von 10€. Die Abschreibung** der Ausstattung des Büros (PC, Schreibtisch, Stuhl) beläuft sich auf 608,92€ pro Jahr. Die Räumlichkeiten betragen monatlich 200 Euro und die monatl. Abschreibung beträgt 50,74€. Die Gesamtkosten betragen

			somit 250,74€. Diese werden anteilig für die 159 Std. berechnet und ergeben 248,70€. (ein Monat hat 160 Std.)
Gesamt für eigenen Recruiting- Prozess (JA- Automotive)	159	18.138,08 €	

Berechnung Gesamtlohnkosten für Unternehmen für die Mitarbeiterin des Recruitingprozesses	
Bruttolohn	50.000,00 €[163]
Arbeitgeberanteil (22%)	11.000,00 €
Gesamtbruttolohn für Unternehmen	61.000,00 €
Stundenlohn für Mitarbeiterin Recruiting (mit 52 Wochen und 40 Stundenwoche)	29,33 €

Berechnung Gesamtlohnkosten für Unternehmen für die Geschäftsleitung	
Bruttolohn	370.000,00 €[164]
Arbeitgeberanteil (22%)	81.400,00 €
Gesamtbruttolohn für Unternehmen	451.400,00 €
Stundenlohn für Geschäftsleitung (mit 52 Wochen und 40 Stundenwoche)	217,02 €

---

[163] Vgl. Gehalts- Check (2012), veröffentlicht im Internet (22.05.2012). Es wurde ein circa Durchschnittswert gewählt.
[164] Vgl. die Kienbaum Studie (2009), veröffentlich im Internet (22.05.2012).

Abschreibung[165] der Büromöbel pro Jahr			
Inventar	Anschaffungskosten	Abschreibung	Bemerkung
PC	2.500,00 €	192,31 €	über 1000€ Abschreibung über 13 Jahre
Büromöbel	5.000,00 €	384,62 €	über 1000€ Abschreibung über 13 Jahre
Telefon	160,00 €	32,00 €	über 150€ Abschreibung über 5 Jahre
Gesamte Abschreibung pro Jahr	**7.660,00 €**	**608,92 €**	**monatl.: 50,74**

---

[165] Lt. AFA- Tabelle.

Anhang 7 - Überblick der Berechnung der Kosten des BPO- Dienstleisters

Tätigkeiten	Zeit in Std.	Kosten	Bemerkung
Stellenbeschreibung erstellen	1,00	29,33 €	wenn Mitarbeiterin 50.000€ verdient, kostet 1 Std. 29,33€
Stellenangebot extern publizieren	-	-	Übernimmt BPO- Dienstleister
Sortieren der Bewerbungen	-	-	Übernimmt BPO- Dienstleister
Bewerbungen sichten	-	-	Übernimmt BPO- Dienstleister
Absage erstellen	-	-	Übernimmt BPO- Dienstleister
Zusage erstellen	-	-	Übernimmt BPO- Dienstleister
Bewerbungsgespräch durchführen	-	-	Übernimmt BPO- Dienstleister
Sortieren nach geeigneten und ungeeigneten Bewerbern nach dem Bewerbungsgespräch	10,00	2.170,19 €	Übernimmt BPO- Dienstleister + Diskussion mir Geschäftsleitung (Kosten: 2170,19€) Annahme: 10 Bewerbungen mit je 1 Std. Diskussion
Betriebsrat informieren	1,00	29,33 €	Übernimmt BPO- Dienstleister
Einstellung des Bewerbers	1,00	29,33 €	Übernimmt BPO- Dienstleister
weitere Kosten			Übernimmt BPO- Dienstleister
Kosten für Stellenanzeigen	-	-	Übernimmt BPO- Dienstleister
Kosten der Räumlichkeiten + Computer	-	4,70 €	Die Mitarbeiterin hat ein 20qm Büro bei einem qm- Preis von 10€. Die Abschreibung der Ausstattung des Büros (PC, Büromöbel, Telefon) beläuft sich auf 50,74€ pro Monat. Die Gesamtkosten betragen somit 250,74€. Anteilig an den 3 Std. sind das 4,70€. (Die 10 Std. werden nicht eingerechnet, da es nicht die Mitarbeiterin betrifft, sondern die Geschäftsleitung)
Gesamt für eigenen Recruiting- Prozess ("JA- Automotive")	3	2.262,87 €	

Kosten BPO		13.000,00 €	Im Durchschnitt belaufen sich die Kosten auf 26% vom Jahresgehalt der zu suchenden Stelle. Da der Leiter Logistik mit einem Anfangsgehalt von 50.000€ gesucht wird, kostet der BPO- Dienstleister 13.000€ für die Besetzung.
Kosten der "JA- Automotive"		2.262,87 €	Kosten für "JA- Automotive"- Recruiting- Prozess
Gesamt		**15.262,87 €**	

Anhang 8: Referenzfragekatalog zur Qualität eines BPO- Dienstleisters[166]

- Wie hat der BPO- Dienstleister die Migration der ausgelagerten Prozesse in seinem eigenen Umfeld bewältigt?
- Welcher Qualifikationsgrad an Mitarbeiter wurde beim Dienstleister eingesetzt?
- Wurde der vereinbarte Leistungsstandard bezüglich Kosten, Produktivität und Qualität erreicht?
- Wie wurde der erforderliche Personaltransfer zum Dienstleister gehandhabt?
- Resultierte ein solcher Personaltransfer in Leistungsminderung oder niedrigeren Löhnen für die betroffenen Mitarbeiter und wurde diese entsprechend ihrer Qualifikationen eingesetzt?
- Wie schnell reagiert der BPO- Dienstleister auf Beschwerden seiner Kunden über seine Leistungen bzw. Mitarbeiter?
- Wie hoch ist der technologische Stand des BPO- Dienstleisters?
- Wie verhält sich der BPO- Dienstleister im Streitfall mit dem ausgelagerten Unternehmen?
- Wie hoch ist die Bereitschaft des BPO- Dienstleisters, Verträge anzupassen bzw. neu zu verhandeln?
- Arbeitet der BPO- Dienstleister in seinen Kontakten mit Kostenbeteiligungs- oder Risikoverteilungsvereinbarungen?
- Käme dieser BPO- Dienstleister erneut als Vertragspartner in Frage?

---

[166] Wullerkord et. al. (2005), Seite 123.

Quellenverzeichnis

- Access. (2011). *Case Study: Infinion.* Abgerufen am 25. 06 2012 von http://recruiting.access.de/download/recruiterscenter/RPO_Fallstudie_ Infineon.pdf

- Achenbach, W. (2004). Zukünfitige Entwicklung des Outsourcing im Personalmanagement. (W. Achenbach, J. Morrmann, & H. Schrober, Hrsg.) *Sourcing in der Bankwirtschaft*, S. 309-323.

- Austrup, S. (2007). *Controlling von Business Process Outsourcing.* Berlin: Logos Verlag.

- Barney, J. (1/1991). Firm Resources and Sustained Competitive Advantage. *Journal of Management Vol. 17*, S. 99-120.

- Beer, M. (1998). *Outsourcing unternehmensinterner Dienstleistungen.* Wiesbaden: Deutscher Universitätsverlag.

- Bethkenhagen, E. (September 2009). *Kienbaum Consultants International GmbH.* Abgerufen am 22. Mai 2012 von http://www.kienbaum.de/desktopdefault.aspx/tabid-502/650_read-4150/

- Bitkom. (2005). Abgerufen am 06. 06 2012 von http://www.bitkom.org/files/documents/BITKOM_Leitfaden_BPO_Stand_20.09.05.pdf

- Bruch, H. (1998). *Outsourcing: Konzepte und Strategien, Chancen und Risiken.* Wiesbaden: Gabler Verlag.
- *Bundesministerium der Justiz.* (2012). Abgerufen am 03. 05 2012 von http://www.gesetze-im-internet.de/bgb/__613a.html;

http://www.gesetze-im-internet.de/betrvg/__111.html;
http://www.gesetze-im-internet.de/betrvg/__106.html;
http://www.gesetze-im-internet.de/betrvg/__90.html;
http://www.gesetze-im-internet.de/betrvg/__92.

- Cottone, C., & Waitzinger, S. (2005). Outsourcing von Personaldienstleistern. In P. M. Wald, *Neue Herausforderungen im Personalmanagement* (S. 263-286). Wiesbaden: Gabler- Verlag.

- *Die Zeit*. (2012). Abgerufen am 30. 05 2012 von http://marktplatz.zeit.de/angebote/uploads/mediadaten/preislisten/ZEIT_Stellenmarkt_Mediadaten_2010-11.pdf

- DIS Deutscher Industrie Service AG. (2012). *DIS AG*. Abgerufen am 06. 06 2012 von http://www.dis-ag.com/dis/Pages/Agb.aspx

- Dressler, S. (2008). *Offshoring Institute: Outsourcing Mehrwert – Methodischer Ansatz zur Überführung.* Abgerufen am 10. April 2012 von http://www.dressler-partner.com/downloads/publications/Outsourcing%20Mehrwert.pdf

- Dressler, S., & Wahlmüller, E. (2009). *Offshoring Institute, BPO Marktpotential in Deutschland 2010.* Abgerufen am 10. April 2012 von http://www.dressler-partner.com/downloads/news/BPO%20Marktpotential%20Deutschland%202010.pdf

- Fischer, S. (11 2011). *TDS AG*. Abgerufen am 25. 06 2012 von http://www.tds.fujitsu.com/fileadmin/medienablage/website/ebooks/mittelstandpunkt_2011_10/index.html

- Fockenbrock, D. (2004). *Handelsblatt*. Abgerufen am 25. 06 2012 von http://www.handelsblatt.com/archiv/outsourcing-dienstleister-bietenihr-know-how-in-vielen-bereichen-an-ausgliedern-verlagern-abspalten/2303242.html

- *Frankfurter Allgemeine Zeitung.* (2012). Abgerufen am 30. 05 2012 von http://fazjob.net/_em_daten/faz/pdf/FAZ_Stellenmarkt_Preisliste_2012.pdf

- Franze, F. (1998). *Outsourcing: Begriffliche und kostentheoretische Aspekte.* Bern: Verlag Haupt.

- *Gehalts- Check.de.* (2012). Abgerufen am 22. 05 2012 von http://www.gehalts-check.de/berufe/p/personalsachbearbeiterin.html; http://www.gehalts-check.de/berufe/l/logistiker.html

- *Gesellschaft für deutsche Sprache.* (2012). Abgerufen am 29. März 2012 von http://www.gfds.de/aktionen/wort-des-jahres/unwoerter-des-jahres/

- Hentschel, B. (2008). *HR-Shared Services, Outsourcing, Service Level Agreements .* Frechen: Datakontext.

- Hodel, M. (1999). *Outsourcing-Management kompakt und verständlich.: Praxisrelevantes Wissen in 24 Schritten.* Braunschweig und Wiesbaden: Vieweg Verlag und Gabler Verlag .

- Hollekamp, M. (2005). *Strategisches Outsourcing von Geschäftsprozessen.* München: Rainer Hampp Verlag.

- IDG Business Media GmbH. (01. 12 2003). *CIO- Online.* Abgerufen am 04. 07 2012 von http://www.cio.de/strategien/804005/

- Jedraßczyk, M. (2007). *BPO Guide : Hintergründe und Anwendungsbeispiele im Business Process Outsourcing.* (K. Wulf, & A. Pasing, Hrsg.) Osnabrück: buw Unternehmensgruppe.

- Jost, P. (2001). *Der Transaktionskostenansatz in der Betriebswirtschaftslehre: Der Transaktionskostenansatz im Unternehmenskontext.* Stuttgart: Schäffer-Poeschel Verlag.

- Jouanne Diedrich von, H. (2004). *Informationsmanagement- Konzepte und Strategien für die Praxis:15 Jahre Outsourcing Forschung: Systematisierung und Lessons Learned.* (R. Zarnekow, & W. Brenner, Hrsg.) Heidelberg: d-punkt verlag.

- Kaiser, S. (2006). *pac- online.* Abgerufen am 17. April 2012 von Business Process Outsourcing (BPO) in Deutschland: Eine Trandanalyse von EDS und PAC: https://www.pac-online.com/pictures/Germany/Brochures/EDS_Trendpaper_BPO_dt.pdf

- Köhler- Frost, W. (2005). *Outsourcing- Schlüsselfaktoren der Kundenzufriedenheit. 5.Auflage.* Berlin: Erich Schmidt Verlag.

- Köhler- Frost, W., & Bahrs, W. (2000). *Outsourcing: eine strategische Allinanz besonderen Typs. 4. Auflage.* Berlin: Schmidt Erich Verlag.

- Lawler, E. E., Ulrich, D., Fitz-Enz, J., & Madden, J. C. (2004). *Human Resources Business Process Outsourcing- Transforming how HR gets its worke done.* San Francisco: Jossey- Bass.

- *monster.de.* (2012). Abgerufen am 30. 05 2012 von http://arbeitgeber.monster.de/online-recruiting/aktion.aspx?WT.mc_n=TVaktion_HPpromo

- Murmann, J. (2011). *BDU- Studie- Personalberatung in Deutschland 2011/2012*. Bundesverband Deutscher Unternehmensberater, Brüssel.

- Nagengast, J. (1997). *Outsourcing von Dienstleistungen industrieller Unternehmen- eine theoretische und empirische Analyse*. Hamburg: Verlag Dr. Kovac.

- Osterloh, J. (2004). *Outsourcing von Sekundären Servicebereichen: Institutionenökonomische und kognitive Erklärungsansätze*. Berlin: Duncker & Humblot.

- Riedel, R. (März 2003). Begriffliche Grundlagen des Business Process Outsourcing. *Information Management & Consulting , 18*, S. 6-10.

- Schönenberg, U. (2010). *Prozessexzellenz im HR- Management: Professionelle Prozesse mit dem HR- Management Maturity Model*. Heidelberg: Springer Verlag.

- Schwarz, G., & Hermes, H. J. (2005). *Outsourcing: Chancen und Risiken, Erfolgsfaktoren, rechtssichere Umsetzung* . Freiburg: Haufe- Lexware.

- Schweizer, L., Ulscht, C., & zu Knyphausen- Aufseß, D. (1/ 2005). Outsourcing von Personalfunktionen: eine (erneute) Bestandsaufnahme. *Zeitschrift für Personalforschung. 19. Jg.* , S. 25- 44.

- Semmler, J. (2009). *Humankapital und wertorientierte Berichterstattung: Darstellungsmöglichkeiten mitarbeiterbezogener Angaben im Rahmen eines Human Value Reporting*. Hamburg: Diplomica Verlag.

- *Soundart Mediagroup GbR.* (2012). Abgerufen am 30. 05 2012 von http://www.radio-werbung.info/#kosten

- *Stepstone.* (2012). Abgerufen am 30. 05 2012 von https://www.stepstone.de/Fuer-Stellenanbieter/produkte-preise/preisliste.cfm#Stellenanzeigen

- Unternehmensberater, B. D. (2011). Personaberatung in Deutschland 2011/2012. Brüssel.

- UnternehmensberaterBDU, B. D. (2011). Personalberatung in Deutschland 2011/2012. *BDU- Studie* . Brüssel.

- Williamson, O. E. (1990). *Die ökonomische Institution des Kapitalismus: Unternehmen, Märkte, Kooperationen.* Tübingen: Mohr Verlag.

- Witt, W. (01. 04 2009). *IT im Personalwesen- SLA (Muster).* Abgerufen am 10. 06 2012 von http://www.itipw.de/mediapool/75/753032/data/SLA_Service_Level_Agreement_ASP.pdf

- Wullenkord, A., Kiefer, A., & Sure, M. (2005). *Business Process Outsourcing- Ein Leitfaden zur Kostensenkung und Effizienzsteigerung im Rechnungs- und Personalwesen.* München: Verlag Vahlen.